Martina Kroth · Monika Lange

Käfer, Katze und Kaninchen

Tiere zu Besuch im Klassenzimmer
und Kindergarten zum Anfassen, Beobachten
und spielerisch Kennenlernen

Illustrationen von Annie Meussen

Ökotopia Verlag, Münster

Impressum

Autorinnen: Martina Kroth, Monika Lange

Illustrationen: Annie Meussen

Satz: Studio Bandur, Idstein-Wörsdorf

ISBN: 3-936286-14-0

© 2003 Ökotopia Verlag, Münster

1 2 3 4 5 6 7 8 9 10 · 12 11 10 09 08 07 06 05 04 03

Inhaltsverzeichnis

Gäste mit 2, 4, 6 und 1000 Beinen 4

Vorsicht! Lebende Tiere! 6
Einstimmung auf die Gäste 6

Haustiere zu Besuch 10
   So kommt das Tier zu Besuch 11
   Tipps zum Umgang mit den tierischen Gästen 12
Flinke Flitzer – Kaninchen 15
Scharfe Zähne, langer Schwanz – Ratten und Mäuse 24
Fabelhafte Flieger – Vögel 31
Freunde und Helfer – Hunde 42
Schleichen und Schnurren – Katzen 48

Die Welt der Kleinen 55
   „Mit Speck fängt man Mäuse!" – Tierfallen 59
   Spiele rund ums Tier 61
Flatterhafte Wesen – Schmetterlinge und Nachtfalter 63
Kribbel-Krabbel – Käfer! 72
Schaffe, schaffe, Nestle baue – Ameisen 79
Leben auf großem Fuß – Schnecken 88
Leben im Untergrund – Regenwürmer 94
Von Netzen und anderen Spinnereien – Spinnentiere 101
Leben im Verborgenen – Asseln, Tausendfüßer & Co. 110

Projekte 119
Vögel erleben 119
Haustierwoche 120
Ein Zoo voller wilder Tiere 121
Bei Nacht und Nebel in die Schule/den Kindergarten 121

Anhang
Literatur 122
Register 124
Die Autorinnen 126

Gäste mit 2, 4, 6 und 1000 Beinen

Tiere sind Kindermagneten und es liegt nahe, sie in den Kindergarten und in die Schule zu holen, um den Respekt vor anderen Lebewesen und Zusammenhänge aus Natur und Biologie zu vermitteln – live, handfest und zum Staunen. Denn überall, auch in der Stadt, sind wir von Leben umgeben – das fängt bei der lästigen Mücke an, geht mit Hunden und ihren Haufen weiter und führt zu den Nutztieren, deren Produkte wir täglich im Kühlschrank lagern. Diese alltäglichen Tier- und Naturbegegnungen werden allerdings häufig gar nicht in Zusammenhang gebracht mit den Liedern über Zugvögel im Kindergarten oder dem biologischen und ökologischen Unterrichtsstoff in der Schule.
Tolle Tiere gibt es scheinbar nur in den exotischen, naturbelassenen Orten, an die uns Tierfilme im Fernsehen entführen. In diesem Buch möchten wir Ihnen deshalb Tiere vorstellen, die in unserer Nachbarschaft wohnen, die sich als Gäste für Kindergarten und Schule eignen, die uns vor Augen führen, dass wir mitten drinsitzen in der „ganzen Biologie" und dass unser „Mensch-sein" auch von unserem Verhältnis zu Umwelt und Tieren abhängt.

Tiere scheinen darüber hinaus auch eine magische Wirkung auf große und kleine Menschen auszuüben. Menschen mit Haustieren sind entspannter und leben länger und einige LehrerInnen und ErzieherInnen arbeiten mit der positiven Wirkung, die z. B. Hunde in spannungsgeladenen Kindergruppen haben. Tiere schaffen es in unvergleichlicher Weise, Kinder aus ihren emotionalen Schneckenhäusern hervorzulocken und ein Gefühl von Sicherheit und Anerkennung zu verbreiten. Tierische Besucher eignen sich deshalb hervorragend, um neue Kinder in Gruppen zu integrieren oder problematische Verhaltensmuster umzuleiten – mal ganz abgesehen davon, dass sie Gelegenheit zu aufregendem und handlungsorientiertem Lernen bieten!

Kinder laden ein: große und kleine Besucher, manche mit Beinen und manche ohne, einige neugierige, aber auch andere ängstliche und schüchterne Gäste. Dazu gehören „wilde Tiere" wie Insekten und Schnecken, aber auch Haustiere wie Katzen und Wellensittiche. Jeder Gast hat seine eigenen Vorlieben, was das Essen oder die Unterkunft angeht, nicht alle möchten gleich spielen oder mögen es, angefasst zu werden – Kinder lernen genau zu beobachten, was gefällt und was nicht gefällt, und die Bedürfnisse anderer Lebewesen zu erkennen und zu respektieren.

Haustiere sind an ihre Menschen gewöhnt und kommen gerne zu Besuch. Für die Kinder ist es ein wunderbares Ereignis, für diese Tiere einmal die Verantwortung zu übernehmen und alles für die Gäste vorzubereiten. Andere Tierbeobachtungen lassen sich im Freien, direkt im natürlichen Lebensraum der Tiere, durchführen. So bekommen Kinder ein Gespür dafür, wo sich welches Tier wohl fühlt und an welchen Stellen sie ein solches Tier immer wieder finden können. Doch vieles Schöne und Spannende im Laufe eines Tierlebens – besonders bei den Winzlingen wie Käfer und Falter – braucht seine Zeit, mehr Zeit, als ein Ausflug in den Wald zulässt. Die Spinne baut ihr Netz nicht in fünf Minuten und bis aus einem Ei ein Käfer wird, dauert Tage und Wochen. In diesen Fällen bietet es sich an, die kleinen Kerle als Gäste in den Gruppenraum oder das Klassenzimmer einzuladen – mit Übernachtung und Vollpension. Je mehr Verantwortung die Kinder dabei für die täglichen Bedürfnisse der Tiere übernehmen, desto intimer gelingt das Kennenlernen, und ganz nebenbei entwickeln sie dabei auch ein Pflichtbewusstsein ihren kleinen Mit-Kreaturen gegenüber.

Für die praktische Umsetzung erfahren Sie deshalb in diesem Buch beispielsweise, wo es Schnecken zu finden gibt, welche Materialien zur Tausendfüßerhaltung nötig sind und wie sich der Besuch eines Wellensittichs in der Einrichtung oder Schule gestalten kann ...
In einfühlsamen Spielen lernen die Kinder die Tiere mit Respekt vor ihren Eigenarten zu behandeln. Sie bereiten gemeinsam den Raum und die Nahrung für ihre Gäste vor und erfahren, welche interessanten Verhaltensweisen bei jedem Tier zu beobachten sind.

Zu diesem Zweck gibt es zu jeder Tiergruppe biologische Hintergrundinformationen und Geschichten. Mit Spielen und Bastelvorschlägen rund um das Tier oder für das Tier erforschen die Kinder die Besonderheiten jeder Tiergruppe: Wie spinnt die Spinne ihr Netz? Wie fliegen Vögel im Schwarm? Wie fühlt sich eine Ratte in ihrem Bau?
Zum Schluss gibt es im Anhang Buchtipps und interessante Projektvorschläge für den Schul- und Kindergartenalltag.

Vorsicht! Lebende Tiere!
Einstimmung auf die Gäste

Tiere, besonders die mit Kuschelfell oder hübschen Federn, begeistern fast alle Kinder. Häufig entlädt sich die Begeisterung in einer Menge Geräuschaufwand und heftigem Streicheln. Aber diese Ehre wissen selbst genügsame Haustiere nicht unbedingt zu würdigen. Damit die Kinder die Tiere nicht aus Versehen zu Tode ängstigen (was bei kleinen Nagetieren buchstäblich passieren kann) und auch Spinnen und Asseln nicht unbeabsichtigt ein Bein verlieren, sollten die Kinder vor dem Besuch einige Verhaltensweisen einüben:

- Den meisten Tieren erscheinen die Kinder riesenhaft – eine ganz neue Rolle für die Kinder. So viel Kraft und Größe muss den Kindern bewusst sein und in sichere Bahnen gelenkt werden!
- Die Tiere brauchen die Chance, sich in Ruhe und in ihrem eigenen Tempo an die neuen Gegebenheiten zu gewöhnen. Die Kinder müssen die Tiere auch einmal in Ruhe lassen können – eine schwere Aufgabe. Waren die Kinder auch schon einmal in der Situation, sich ganz neu zurechtzufinden?
- Tiere verstehen unsere Sprache nicht. Trotzdem ist Verständigung nötig und auch möglich. Wie funktioniert das?
- Wie verhalten sich Menschen richtig, um die kleinen Gäste nicht zu verängstigen? Der Schlüssel dazu liegt in der genauen Beobachtung und im Wissen um die besonderen Eigenschaften der Tiere.

Die Aktionen in diesem und dem nächsten Kapitel führen die Kinder spielerisch in den gekonnten Umgang mit den Tieren ein. Ganz bestimmt werden sie in einer ruhigen, kompetenten Atmosphäre ihr vielleicht erstes bewusstes Zusammentreffen mit den kleinen Geschöpfen umso mehr genießen.

Silhouetten

Die meisten Tiere, mit denen wir es hier in diesem Buch zu tun haben, sind viel kleiner als das kleinste Kindergartenkind. Was für erschreckende Riesen wir Menschen für so kleine Lebewesen sind, führt das Zeichnen von Kreidefiguren vor Augen. Die Tiere wachsen dabei auf Kindergröße, die Kreidesilhouette zeigt, wie groß ein Mensch im Vergleich wäre.

Material: Kreide, Zollstock, großer Hof
Alter: ab 5 Jahren

Mit der Kreide malen die Kinder eine Tierfigur (beispielsweise einen Hund), die etwa ihre Größe hat, auf den Boden. Wenn ein Kind durch die Augen eines (mittelgroßen) Hundes gucken würde, wäre im Vergleich ein anderes Kind 3 m groß – also malen sie neben die Tierfigur eine Menschenfigur von 3 m Länge. Zu Füßen dieses Menschen können sich die Kinder den Größenvergleich erst so richtig vorstellen.
Um zu sehen, wie groß ein Kind einem Kaninchen erscheint, muss die Menschenfigur 7 m groß sein, für eine Maus müsste sie schon 55 m erreichen und für eine Spinne gar 200 m – so groß wie die höchsten Wolkenkratzer!
Wenn die Kinder eine solche Figur einmal von den Füßen bis zum Kopf ablaufen, verstehen sie, wie sich eine Spinne oder Ameise fühlt, die an ihrem Bein hochklettert.

Hilfe, ein Riese kommt! – Fantasiereise

Diese Fantasiereise gibt den Kindern die Möglichkeit, sich in das Klein- und Verletzlichsein einzufühlen – aber selber dabei in Sicherheit zu bleiben.

Material: gemütlicher Raum mit Decken und Matten, evtl. ruhige Musik, Papier und Farben
Alter: ab 4 Jahren

Die Kinder machen es sich auf den Matten bequem und schließen die Augen. Ruhige Musik im Hintergrund kann manchen Kindern beim Konzentrieren helfen. Die Spielleitung trägt die Geschichte langsam und mit Pausen vor.
(Die Geschichte sollte nicht zu spannend erzählt werden, damit sie keine Angst einflößt.)

„Stell dir vor, du lebst in einem fernen Land. Dort sieht alles anders aus.
Du stehst vor einem Busch und der ist so groß wie sonst ein Baum. (...)
Du stehst vor einem Baum und der ist so groß wie ein Berg. (...)
Neben dem Baum ist deine Wohnung. Die hast du in die Erde gegraben und darin ist es warm und gemütlich. (...)
Jetzt hast du Hunger und krabbelst aus deiner Wohnung heraus. Du entdeckst süße Beeren. Die Beeren sind so groß wie Wasserbälle und sooo schwer. Du rollst eine Beere in deine Wohnung unter der Erde. (...)
Dann kommst du wieder heraus und rollst noch eine zu deiner Wohnung. Da hörst du ein lautes „Boom! – Buum!", sogar die Erde unter deinen Füßen wackelt ein bisschen. (...)
Du kannst gar nicht sehen, woher das „Boom! Buum!" kommt. Du guckst dich um und siehst riesige Füße auf dich zukommen. Schnell versteckst du dich in deiner Wohnung, da bist du sicher. (...)
Aus deinem sicheren Versteck siehst du, wie der riesige Riese an deiner Wohnung vorbeiläuft. Nur seine Füße kannst du sehen. Er macht einen Schritt – „Boom!" und noch einen Schritt – „Buum!". Was für ein Lärm und wie komisch er riecht! (...)
Du bleibst in deiner Wohnung. Erst als du gar nichts mehr hörst, erst dann kommst du vorsichtig heraus. (...)
Vor deiner Wohnung liegt ein ganzer Haufen Beeren. Der Riese muss sie dort hingelegt haben. (...)
Vielleicht war es doch ein netter Riese? (...)
Du bringst alle Beeren in deine Wohnung. Davon wirst du ganz müde und gehst schlafen. Du träumst vom Riesen, der dir Beeren schenkt. Ob beim nächsten Mal wieder Beeren vor deiner Wohnung liegen? (...)
Komm jetzt wieder in dein eigenes Land zurück. Hier hat alles seine normale Größe. Öffne die Augen und richte dich langsam, in deinem eigenem Tempo wieder auf."

Hinweis: Die Fantasiereise durch Malaktionen und Gespräche aufarbeiten. Die Spielleitung hat dann Gelegenheit die Fantasie noch einmal in neue Bahnen zu lenken: Wie groß wäre dann ein Regentropfen? Wird ein Pilz zum Regenschirm? ...

Einstimmung auf die Gäste

Monsterhände

Kleinen Tieren können wir mit unseren großen Händen wehtun. Wie ist es, von Riesen-Händen angefasst zu werden? Können wir mit den groben Händen auch vorsichtig umgehen?

Material: farbige, sehr feste Pappe, Schere, Holzlatten, Tacker, Stifte
Alter: ab 3 Jahren (mit Hilfe eines Erwachsenen) (mit Variante)

Aus der Pappe große Hände von 30 bis 40 cm Durchmesser ausschneiden und mit dem Tacker an den Holzlatten befestigen. Die Hände nach Lust und Laune mit Fingernägeln und Ringen bemalen.

Mit den Händen (die Holzlatten zeigen nach außen) streicheln sich die Kinder nun vorsichtig gegenseitig. „He, das war zu fest!" – „Ist es so zart genug?" ...

Variante: Die Hände auch für Geschicklichkeitsspiele nutzen: Kann ich etwas damit hochheben? Einen Luftballon in einen Karton befördern? Kann ich einen Kartonturm bauen? Geht das auch zu zweit, wobei jeder eine der Hände führt?

Mhmmmm mm mmm – ich versteh' dich nicht

Tiere können uns nicht sagen, was sie wollen – wir müssen auf ihre Gesten, ihre Mimik und ihre Laute achten, wenn wir sie verstehen wollen.

Material: keins
Alter: ab 3 Jahren

Ein Kind geht aus dem Raum, die anderen einigen sich auf etwas, was sie dem Kind vermitteln wollen: Ich habe Angst. Ich freue mich. Ich habe Hunger. Mir ist warm. Mir ist kalt...
Wenn das Kind wieder reinkommt, spielen alle Kinder der Gruppe den gewählten Begriff (Angst, Freude, Hunger, kalt, warm ...) pantomimisch vor. Geräusche sind erlaubt, aber keine Sprache!
Dauert es lange, bis das Kind den Begriff errät?

Hinweis: Auch jeweils zwei Kinder können einen Begriff zusammen darstellen.

Gar nicht so einfach, ein Tier zu sein

Beim Tiertraining wird Verhalten, das erwünscht ist, erst mit Futter und dann nur noch mit Klick-Lauten belohnt. Aber für die Tiere ist es manchmal gar nicht so einfach zu verstehen, was eigentlich belohnt wurde: Dass sie auf der Waage standen oder doch vielleicht, dass sie dabei so schön trompetet haben?

Dieses Spiel probieren Tierpfleger im Zoo aus, bevor sie lernen, wie sie ein Tier trainieren. Um die Schwierigkeiten der Tiere nachzuvollziehen, müssen sie erstmal selbst in die Rolle der Tiere schlüpfen ....

Material: keins
Alter: ab 5 Jahren

Die Spielleitung flüstert dem Kind, das den Trainer spielt, zu, was es seinem „Tierkind" beibringen soll – z. B. sich auf einen bestimmten Stuhl zu setzen, eine Puppe oder einen Stift zu holen oder stillzustehen.

Das Tierkind läuft herum, hebt vielleicht Sachen auf und jedes Mal, wenn es etwas tut, was der Aufgabe entgegenkommt, sich z. B. dem Stuhl nähert, klatscht der Trainer einmal in die Hände – bis das Tierkind seine Aufgabe erfüllt hat.

Danach tauschen Trainer und Tier die Rollen.

Haustiere zu Besuch

Haustiere gehören zu den Tieren, die sich für vielfältige Projekte in Kindergarten oder Schule eignen. Sie sind leicht zugänglich und stoßen bei 99% aller Kinder auf Begeisterung. An Hunden, Kaninchen oder Vögeln können die Kinder Verhalten und Biologie erforschen und auch etwas über die wilden Vorfahren dieser Tiere erfahren, die wie z. B. Wölfe doch schwerer einzusetzen wären. (Von den positiven Auswirkungen von Tieren im Klassen-/Gruppenraum auf die Gruppendynamik haben wir ja schon in der Einleitung gesprochen).

Haustiere können eine wichtige Rolle im Leben der Kinder spielen: endlich einmal der Stärkere sein, der Beschützer oder die Beschützerin. Von Tieren lernen Kinder, dass ihre Handlungen direkte Auswirkungen auf andere Lebewesen haben. Und wer Tiere hält, muss schon genau hinschauen, um zu verstehen, was sie brauchen: Haustiere können uns das Einfühlungsvermögen vermitteln, das so wichtig im Zusammenleben mit anderen ist.

Im Klassen- oder Gruppenraum können Kinder Kontakt aufnehmen mit diesen andersartigen Lebewesen und mithilfe von Experimenten, Spielen, Fantasiereisen und Bastelaktionen in ihre Erfahrungswelt eintauchen. Skeptische Kinder müssen sich hier nicht vor den Hunden oder anderen Tieren fürchten, weil immer jemand zugegen ist, der die Kontrolle behält und ihnen das Tier nahe bringen kann.

Das heißt allerdings nicht, dass wir für das gemeinsam gehaltene Klassentier plädieren. Über den Zeitraum eines Kaninchenlebens (6 und bis 10 Jahre) oder eines Wellensittichlebens (6 und mehr Jahre) sind in den allermeisten Einrichtungen diese Tiere nicht artgerecht zu halten. Sie brauchen täglichen Auslauf bzw. Freiflug, einen geeigneten Standort (kein Durchzug, Tierhaarallergien!), Abwechslung und zuverlässige Fürsorge, auch in den Ferien! (Falls die Schule oder Einrichtung darauf ausgelegt ist, z. B. Hühner im Garten zu halten oder ein Aquarium einzurichten, ist das natürlich ein tolles Erlebnis für die Kinder. Eine langfristige Projektleitung eines Erwachsenen ist dafür notwendig. Bitte informieren Sie sich vor der Anschaffung in der reichlich vorhandenen Tierhaltungsliteratur.)

Ein Herz für Tiere?

Etwa 21 Millionen Haustiere leben bei Kindern und Familien in Deutschland und der Aufklärungsbedarf über die richtige Haltung ist groß.

Tatsächlich sind bestimmte Tierarten wie Wellensittiche und Hamster als Haustiere so erfolgreich, weil sie unter widrigen Bedingungen überleben, aber von artgerechter, qualfreier Haltung kann meistens nicht die Rede sein. Ein trauriges Zeugnis!

Die meisten Haltungsfehler entstehen durch falsche Erwartungen: Hamster, Ratten und Kaninchen z. B. sind nicht immer auf Kommando zum Spielen bereit und sogar ihre Gesundheit leidet, wenn ihre Ruhezeiten nicht beachtet werden.

Wellensittiche und andere Tiere werden nur zahm, wenn sich der Halter intensiv mit ihnen beschäftigt – der scheinbar langweilige Vogel wird dann vernachlässigt; grausam für den Schwarmvogel Wellensittich.

Es ist deshalb sehr wichtig, sich vor der Anschaffung eines Tieres gründlich zu informieren, damit Tier und Mensch hinterher zusammenpassen. Schließlich wäre ein Mensch, der Eidechsen mag, sehr wahrscheinlich mit einer Katze nicht glücklich! Dazu kommt Unwissenheit über die Unterbringungs-, Beschäftigungs- und Nahrungsbedürfnisse der Tiere.

Leider sind die meisten Angestellten in Zooläden nicht sehr kenntnisreich, was ihre Zöglinge betrifft. Normalerweise sind sie als Verkäufer ausgebildet, nicht als „Tierexperten".

Zuverlässige Informationen finden sich am besten in der reichhaltigen Literatur.

So kommt das Tier zu Besuch

Tiere sollten nur Gäste im Klassenzimmer/Gruppenraum sein und z. B. für einen Tag oder eine Woche dort leben.

Dafür können Sie auf Haustiere von BetreuerInnen, LehrerInnen oder Kindern zurückgreifen. Diese Tiere haben den großen Vorteil, dass sie zahm sind und deshalb nicht mehr so schreckhaft auf Menschen reagieren.

Geeignet für einen Klassen- oder Gruppenbesuch sind: Kaninchen, Ratten und Mäuse, Katzen, Hunde, Wellensittiche, Kanarien und andere zahme Käfigvögel.

Nur **eingeschränkt geeignet** sind Meerschweinchen, weil sie meistens sehr hektisch und schreckhaft sind.

Ungeeignet sind Hamster, weil sie nachtaktive Tiere sind, deren Verhalten die Kinder tagsüber nicht beobachten können. Es schadet den Hamstern sogar, tagsüber geweckt zu werden – die Gruppenstunde würde dann mit einem schlechten Beispiel voran gehen. Für Fische wäre ein Transport sehr stressig und ihrer Gesundheit abträglich.

Nachdem sich die Projektleitung bzw. die Gruppe für den Besuch eines Tieres entschieden hat, müssen einige grundsätzliche Dinge abgesprochen werden:

- Mit den Eltern abklären, ob eines der teilnehmenden Kinder an einer Tierhaar- oder Federstauballergie leidet.

Haustiere zu Besuch

- Nicht alle Haustiere einer Kindergruppe/Klasse können gleichzeitig mitgebracht werden: zum Beispiel vertragen sich Katzen und Hunde nicht unbedingt; Katzen und Hunde könnten Jagd auf Kleintiere machen.
- Sprechen Sie mit den Eltern der Tierbesitzer oder den erwachsenen Tierbesitzern das Ausleihen der Tiere ab. Vorsichtshalber können auch Absprachen über eventuelle Schäden am Tier/an den Kindern/Sachschäden getroffen werden.
- Es kann nicht schaden, sich in der entsprechenden Literatur über die Haltung des Tieres kundig zu machen, so sind Sie nicht nur auf die Aussagen des Tierhalters angewiesen.

Gemeinsam stimmt sich die Gruppe dann auf den Besuch ein, z. B. mit den Spielen und Aktionen ab Seite 6 und den folgenden Spielen ab Seite 13. Die Kinder gestalten den Raum und tragen alles zusammen, was das Tier braucht, um sich wohl zu fühlen.

Wenn alles bereit ist, heißen die Kinder ihren Besuch willkommen und bestaunen die schönen Federn oder das weiche Fell. Spiele und Aktionen rund um das Tier vertiefen dann die Erfahrung – und bei den meisten Tierarten können die Besucher sogar bei dem einen oder anderen Spiel mitmachen!

Tipps zum Umgang mit den tierischen Gästen

- Die Anwesenheit von einem tiererfahrenen Erwachsenen ist erforderlich, um das Tier z. B. aus dem Käfig zu holen, den Kindern vorzuführen und aus dem Auslauf wieder in den Käfig zu bugsieren.
- Die Eltern begleiten die Kinder samt ihren Tieren in die Schule oder den Kindergarten.
- Die Tiere müssen vor Hitze, Kälte und Durchzug geschützt transportiert werden.
- Die Tiere (mit Ausnahme von Hunden) brauchen nach dem Transport ein ruhiges Zimmer, in dem sie sich mindestens zwei Stunden vor ihrem Einsatz beruhigen können.
Käfigtiere idealerweise schon am Vorabend bringen.
- Sorgen Sie für genügend Futter und Wasser.
- Es ist nicht ratsam, fremde Tiere einer Art zusammenzusetzen. Ratten, Mäuse und Kaninchen sind territorial und würden fremde Tiere bekämpfen.
- Schließen Sie alle Türen und Fenster!
- Es versteht sich auch, dass die Kinder leise sind und die Tiere nicht erschrecken.
Ein Stuhlkreis hilft hierbei!
- Lassen Sie die Tiere nie unbeobachtet außerhalb ihres Käfigs!
- Und ganz wichtig: Rechnen Sie damit, dass die Tiere nicht tun, was sie sollen:
Es ist empfehlenswert Alternativen bereit zu halten!

Haustiere zu Besuch

Ich kauf' mir ein Tier!

Wer hat sich nicht schon mal sehnsüchtig einen Hund oder einen Vogel gewünscht? Aber nicht jeder Mensch wird mit jedem Tier glücklich. Die Erwartungen der Menschen und die Bedürfnisse der Tiere müssen zusammenpassen wie die Teile eines Puzzles. (Deshalb sind Tiere unterm Weihnachtsbaum so eine blöde Idee!)

Material: farbige Pappkarten, Schere, Stifte, Korb
Alter: ab 4 Jahren (Variante ab 6 Jahren)

Die Karten entsprechend den untenstehenden Beispielen gestalten und ausschneiden.
Auf einer Hälfte der Karte ist der Umriss des Tieres (Hund, Katze, Kaninchen, Ratte, Hamster, Wellensittich, Fisch, aber auch Elefant, Affe, Löwe ...), auf der anderen etwas, das das Tier zum Glücklichsein braucht (Spaziergänge, Kratzbaum, Auslauf, Schlafhäuschen mit Schnarchgeräuschen, Ausflug, viel Zubehör fürs Aquarium, ganz viel Heu, Baum und Bananen, Zebras ...). Die fertigen Karten durchschneiden.

Die Tierteile verwaltet der Zoohändler (Spielleitung). Die Kinder ziehen ein Glücksteil und gehen damit zum Zoohändler: Welches Tier bekomme ich damit? Anschließend können sie ihr Tier aus-, an- und weitermalen. Die Spielleitung überlegt zusammen mit den Kindern, wie das Leben mit den Tieren aussehen würde.

Variante: Die Spielleitung überlegt mit den Kindern, ob jeder alle Tiere halten kann.
Was z. B. braucht ein Hund? Viel Zuwendung und Spaziergänge! Wer gerne bei Wind und Wetter rausgeht, sucht sich die entsprechende Glückskarte raus und „kauft" bei der Zoohändlerin, die nun von einem Kind gespielt wird, seinen Hund – oder sein Kaninchen, wenn es gerne in der Wohnung mit einem Streicheltier spielen will, oder seine Fische, wenn es eine Allergie hat, usw.

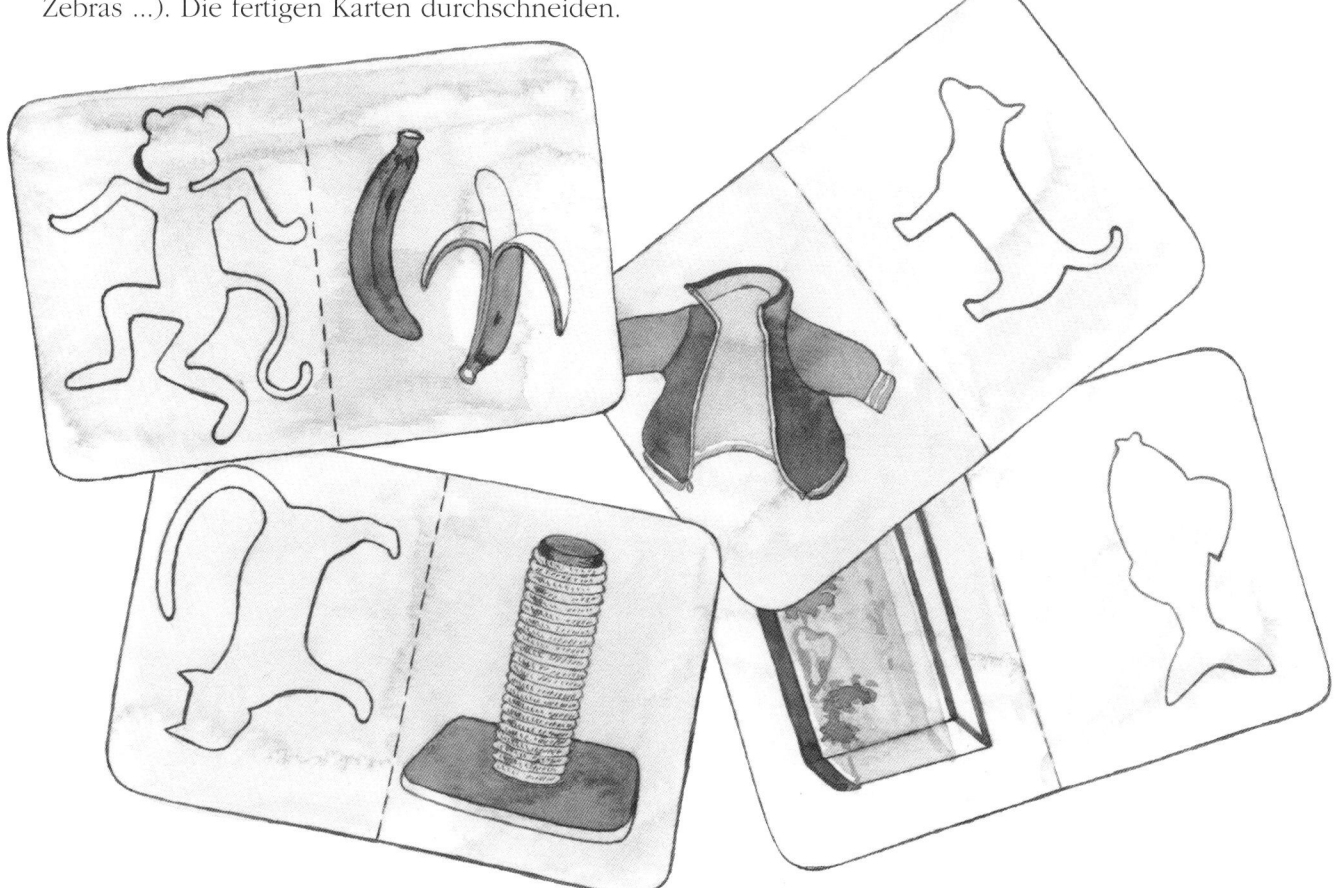

Was braucht ein Tier? Tamagotchispiel

Ein Tier so zu pflegen, dass es glücklich und gesund bleibt, ist gar nicht so einfach. (Tatsächlich sind Kinder im Kindergarten- und Grundschulalter mit der Alleinverantwortung noch überfordert, aber sie können durch altersgerechte Aufgaben eingebunden werden.) Zum Liebhaben gehört halt auch die Pflege. Aber eigentlich macht doch auch genau das den Spaß aus, sich regelmäßig um sein Tier zu kümmern und für es zu sorgen – oder nicht?

Material: Pappkarten mit Zeichnungen bzw. Text: Käfig, Halsband, Spazieren gehen, Körner, Wasser, Spielzeug, Medizin etc.

Alter: ab 3 Jahren (mit wenigen Karten und Aufgaben)

Die Spielleitung erklärt den Kindern in einem vorbereitenden Gespräch, dass auch Tiere Bedürfnisse haben und dass sie sich nur wohl fühlen, wenn diese Bedürfnisse schnell berücksichtigt werden.
Die Ergebnisse malen die Kinder auf verschiedene Karten: z. B. Futter, Körner für den Hamster, eine Leine für den Hund, Medizin, Käfig für den Wellensittich …
In dem Spiel gibt es deshalb die „Tiere", die „Tierbesitzer", einen „Tierarzt" und einen „Zoohändler". Die Tierbesitzer müssen zum Beispiel für Futter und Medizin sorgen, wenn ein Tier das braucht. Das „Futter" und die anderen Sachen, die auf den Karten dargestellt sind, werden dafür im Raum an passende Stellen gelegt; die Besitzer müssen sie finden, wenn sie in der Geschichte erwähnt werden, die die Spielleitung erzählt. Die Karten finden sie entweder beim Tierarzt oder Zoohändler, in großen Wühlkisten oder im Raum versteckt: Wasser am Waschbecken, Jacken an der Garderobe etc.

Wenn die Spielleitung also erzählt, dass der Hamster Hunger hat, müssen die Besitzer geschwind nach der Körnerkarte suchen. Bei kleineren Kinder sagt die Spielleitung, wonach sie suchen müssen, die älteren sollen die Aufgabe selber lösen.
Die „Tiere" spielen mit Hingabe nach, was in der Geschichte passiert. Die „Besitzer" müssen gut aufpassen und schnell die richtigen Karten besorgen, auf denen ein Käfig, Futter oder Jacken zum Spazierengehen abgebildet sind.
Nach einigen Durchgängen tauschen die Kinder ihre Rollen.

Beispiel:
„Der Mond steht schon am Nachthimmel und die Hamster wachen gerade auf. Sie haben fürchterlichen Hunger – aber wo sind ihre Körner? (…) Früh am Morgen ist der Hund schon wach und muss mal dringend raus. Wo ist nur seine Hundeleine? (…) Der Käfig vom Kaninchen ist kaputt und alle Kaninchen laufen wie wild in der Wohnung herum. (…) Der Wellensittich sitzt ganz traurig auf seiner Stange, er hat Bauchschmerzen (…) usw."

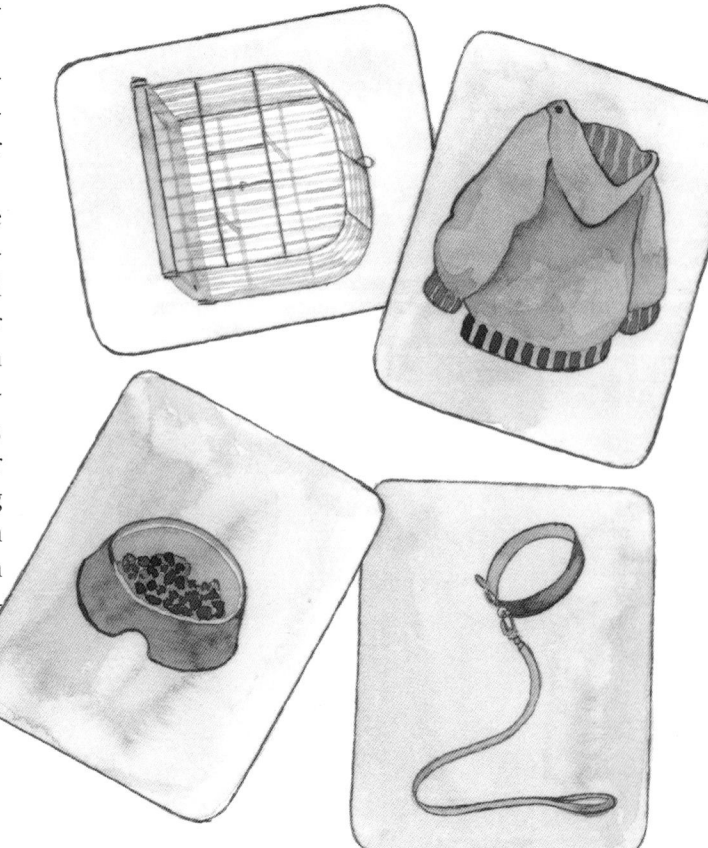

Flinke Flitzer – Kaninchen

Mit solchen Zähnen müssen Kaninchen doch zu den Nagetieren gehören! Stimmt aber nicht. Hasen und Kaninchen bilden eine eigene Gruppe, die Hasenartigen. Von den Nagetieren unterscheiden die Hasenartigen sich durch das Gebiss und ihre Vorderpfoten. Mit denen können die Hasenartigen nämlich kein Futter festhalten, wie es Hamster oder Eichhörnchen machen. Bei Kaninchen und Hasen sind die Vorder- und Hinterpfoten zum Rennen da.

Hasen sind die Großen in der Familie. Sie haben sehr lange Ohren
mit schwarzen Spitzen, ein lang gezogenes Gesicht und sitzen aufrecht. Sie leben außer zur Paarungszeit als Einzelgänger in offener Feldlandschaft und betten sich in flache Gruben. Die Kaninchen dagegen sind kleiner, haben kürzere Ohren und Beine, sitzen meist geduckt und graben verzweigte Baue.

Kaninchen sind vorsichtige Tiere, die ihr Heil in der Flucht suchen, wenn sie einen ihrer vielen Feinde entdecken. Hasenfüße sind sie trotzdem nicht. Denn wenn sie in die Enge getrieben werden oder wenn sie untereinander die Rangfolge in der Kaninchenkolonie ausfechten, sind sie durchaus wehrhaft. Schon so manches Hauskaninchen hat mit Ohrfeigen und Bissen einem frechen Hund zu verstehen gegeben, wer der Herr im Hause ist.

Obwohl Kaninchen an unseren Straßenrändern so ein vertrauter Anblick sind, stammen die Hoppler ursprünglich aus Spanien. Die Römer brachten sie nach Italien und bereits im Mittelalter waren sie auch als Haustiere bei uns beliebt. Allerdings hielt man sie nicht als Streicheltiere, sondern als Fleisch- und Felllieferanten. Sie waren einfach zu halten und nicht so groß – ein geschlachtetes Kaninchen lieferte nur so viel Fleisch, dass man es schnell verbrauchen konnte, was ohne Kühlschränke damals wichtig war. Zur Beliebtheit trug außerdem bei, dass die Kirche das Verzehren von Kaninchenfleisch auch in der Fastenzeit erlaubte.

In der freien Natur wurden sie teilweise als Jagdwild bewusst angesiedelt, teilweise entwischten sie aus den Käfigen der Leute. Durch ihre sprichwörtliche Vermehrungsfreude verbreiteten sie sich schnell. Diese Vermehrungsfreude machte sie in vorchristlicher Zeit zum Fruchtbarkeitssymbol. Da im Frühjahr auch die Hasen ihre Balztänze ganz auffällig vorführen (die „verrückten Märzhasen"), mischten sich die Menschen mit der Zeit den Osterhasen zusammen, wie wir ihn heute kennen.

Ein Wort zu Meerschweinchen

Meerschweinchen sind sozusagen die Kaninchen der südamerikanischen Indianer. Sie kamen mit den spanischen Entdeckern nach Europa. Sie leben ebenfalls in Rudeln mit einer interessanten Sozialstruktur und auch sie sind weit verbreitete Haustiere. Meerschweinchen reagieren allerdings auf eine ungewohnte Umgebung häufig sehr hektisch und sind deshalb als Unterrichtstiere weniger zu empfehlen.

Kaninchen

Die Kaninchen im Mond

Es lebten einmal zwei Kaninchen in China. Sie hatten die fetteste Wiese ganz für sich und schätzten sich deshalb sehr glücklich. Als aber der Winter kam, kamen auch die Wölfe aus den Bergen herab und die Wölfe waren hungrig. Sie wollten die Kaninchen fressen und jagten sie über die Felder. Die Kaninchen schlugen Haken, aber sie konnten den Wölfen nicht entkommen. Die Kaninchen rannten in den Sumpf und sprangen von Grasinsel zu Grasinsel, aber die Wölfe waren immer noch hinter ihnen. Da rannten die Kaninchen einen Berg hinauf, bis sie auf dem Gipfel ankamen. Aber die hungrigen Wölfe ließen sich nicht abschütteln.
Inzwischen war es Nacht geworden und der Mond ging hinter den Bergen auf. „Was machen wir jetzt?", fragte das eine Kaninchen. Das andere Kaninchen rief: „Folge mir!" Und beide nahmen einen Anlauf und taten einen gewaltigen Sprung bis auf den Mond.
Dahin konnten ihnen die Wölfe nicht folgen.
Seitdem kannst du bei Vollmond zwei Kaninchen auf dem Mond erkennen und wenn du ganz still bist, kannst du die Wölfe hören, die immer noch die Kaninchen im Mond anheulen, weil sie sie nicht erreichen können.

(Chinesisches Märchen)

Häuser für den Kaninchenbesuch

Kaninchen als Höhlenbewohner lieben Häuser und Unterschlüpfe. Wenn mehrere Kinder basteln, bekommt das Kaninchen vielleicht sogar ein ganzes Dorf zur Begrüßung.
(s. „Das Kaninchen ist da", S. 18)

Material: Pappkartons, Scheren, Stifte, Posterrollen o.Ä. mit großem Durchmesser, ungiftige Farben und Kleber
Alter: ab 4 Jahren

Die Kinder basteln aus geräumigen Pappkartons Häuser für die Kaninchen:
Kartons umdrehen und Türen und Fenster ausschneiden.
Aus Posterrollen entstehen Türme oder Tunnel. Die Häuser nach der eigenen Fantasie ausgestalten.

Achtung: Keine Metallteile wie z. B. Tackerklammern oder giftige Kleber und Farben verwenden.

Ich bringe dem Kaninchen etwas mit

Alle Kinder bringen dem Kaninchen etwas zu fressen mit – vielleicht macht ihm die Aufregung ja Hunger. (s. „Das Kaninchen ist da" und „Fressen und Verdauen")

Material: Pappkarten, Stifte, Korb
Alter: ab 3 Jahren (mit Variante)

Zusammen überlegen die Kinder, was das Kaninchen wohl frisst, und malen das „Futter" auf so viele Pappkarten, wie Kinder in der Gruppe sind. Möglich sind Heu, Möhren, Gurke, Apfel, Kaninchenfutter, Knäckebrot, Cornflakes und Löwenzahn.
Die bemalten Pappkarten im Korb mischen. Jedes Kind zieht eine Karte und bringt das darauf abgebildete Futter am Tag des Kaninchenbesuchs mit.
Das Obst und Gemüse sowie den Löwenzahn abwaschen und gut abtrocknen, bevor es den Kaninchen angeboten wird.

Hinweis: Den Löwenzahn sammeln die Kinder am besten gemeinsam mit Erwachsenen auf einer ausgewählten Wiese, die nicht von Chemie belastet ist und wo auch keine Hunde gekotet haben, sonst lauern Krankheiten!

Variante: Da viel zu viel Futter vorhanden sein wird, bereiten die Kinder aus dem für Menschen genießbaren „Futter" einen Salat zu, machen sich Cornflakes mit Milch oder andere Leckereien und essen gemeinsam!

 *Kaninchen*

Das Kaninchen ist da!

Hier haben die Kinder Gelegenheit, das Tier zu bestaunen und vielleicht sogar anzufassen.

Material: Stuhlkreis
Alter: ab 3 Jahren

Am Morgen (oder am Tag zuvor) ist das Kaninchen angekommen und hatte Gelegenheit sich an die ungewohnte Umgebung zu gewöhnen. Die Gruppe hat Häuser gebastelt, den Auslauf gebaut (s. u.) und Futter zusammengetragen. Jetzt warten die Kinder gespannt im Stuhlkreis auf ihren Gast.

Der erwachsene Besitzer, die Besitzerin oder ein anderer tiererfahrener Erwachsener stellt das Kaninchen vor: Wie streichelt man es? Wie hebt man es hoch? Dürfen die Kinder mal anfassen? Die Kinder erzählen, was sie über Kaninchen schon alles wissen. Dann lenken die Erwachsenen die Aufmerksamkeit auf die Besonderheiten des Kaninchens:

- Die Ohren sind im Vergleich zum Körper groß, damit das Kaninchen in freier Wildbahn sofort jede Gefahr hört, die sich nähert: Wiesel, Füchse oder Menschen. Außerdem sind die Ohren drehbar, damit das Kaninchen auch die Richtung ausmachen kann, aus der ein Geräusch kommt.
- Die Hinterfüße sind besonders kräftig – wie zum Rennen gemacht –, um dem Tier eine schnelle Flucht und das Hakenschlagen zu ermöglichen. (s. *„Hoppelspuren"*, S. 19)
- Das Kaninchen hat einen kurzen Schwanz, der bei Wildkaninchen beim Hoppeln weiß aufblitzt.
- Die Nase schnuppert ständig, um alle fremden und vertrauten Gerüche auszumachen. (s. *„Ich bin ein Mümmelmann"*, S. 21)
- Die Augen stehen seitlich, um dem Tier einen Fast-Rundumblick zu ermöglichen. Auch das schützt vor Überraschungsangriffen!
- Die Schnurrhaare stehen ganz vorne am Gesicht vom Körper ab. In den dunklen Kaninchengängen ertastet das Kaninchen damit seinen Weg.
- Das Fell ist weich und bei gesunden Tieren glatt und gepflegt. Kaninchen verwenden jeden Tag viel Zeit darauf ihren Pelz sauber zu lecken und glatt zu streichen. Ein gepflegtes Fell schützt vor Kälte und Regen.

Kaninchen sind ängstliche Tiere, immer auf der Hut. Die Kinder können selber sehen, wie die Körpersprache des Kaninchens seine Stimmung verrät: Zwischen all den fremden Leuten wird es sich bestimmt ducken und seine Ohren anlegen – es möchte hier weg! Am besten, wenn alle wirklich nett zu dem Kaninchen sind: Nicht so viel Krach machen und immer nur ein Kind streichelt auf einmal.

Kaninchen

Das Kaninchen im Auslauf

Der Auslauf gibt den Kindern Gelegenheit das Tier in Aktion zu sehen und das mitgebrachte Futter und die gebastelten Häuser zum Einsatz zu bringen. Unbedingt Fenster und Türen schließen!

Material: umgedrehte Tische (evtl. *„Häuser für den Kaninchenbesuch"*, Futter)
Alter: ab 3 Jahren, in Kleingruppen unter Anleitung

Schon bevor das Kaninchen in den Gruppenraum kommt, bauen alle zusammen einen Auslauf: Tische auf die Seite drehen und zum Kreis zusammenstellen, sodass eine lückenlose Umrandung entsteht. Jeder darf nun im Auslauf sein Haus oder das mitgebrachte Futter verteilen.
Nachdem das Kaninchen vorgestellt wurde (s. o.), darf es nun den Auslauf erkunden. Die Kinder beobachten, wie es seine Umgebung und das Futter erforscht. Das wird es allerdings nur machen, wenn es sich wohl fühlt und keine Angst haben muss.

Vorsicht: Wenn sich das Kaninchen erschreckt, kann es hohe Luftsprünge machen!

Hoppelspuren

Kaninchen haben ganz schön lange Zehen unter dem dichten Fell ihrer Füße verborgen. Die stabilen Krallen funktionieren wie Spikes an einem Rennschuh – sie geben Halt für rasante Geschwindigkeiten und natürlich zum Hakenschlagen. Echte Kaninchenspuren kann man auch im Gruppenraum herstellen!

Material: großes, flaches Gefäß, feuchter Sand
Alter: ab 3 Jahren

Wenn das Kaninchen im Gruppenraum in seinem Auslauf herumlaufen darf (s. o.), setzen die Kinder oder die Spielleitung ein flaches Gefäß mit feuchtem Sand hinein. Mit etwas Glück läuft das Kaninchen durch den Sand!
Dann hebt die Spielleitung das Gefäß vorsichtig heraus und betrachtet mit den Kindern die Spur. Allerdings kann es auch passieren, dass das Tier die Sandschale lieber zum Graben oder Koten benutzt! Generell können Sie nicht 100% damit rechnen, dass die Tiere immer das tun, was Sie erhoffen!
Nachdem das Kaninchen den Gruppenraum wieder verlassen hat, probiert jedes Kind einmal selber aus, wie ein Kaninchen hoppelt – gar nicht so einfach, wenn man keine Kaninchenbeine hat!

Kaninchen

Hoppeln und Hakenschlagen – Kaninchen in der Natur

Mit etwas Ortskenntnis können wir den Kaninchen auch in der Natur auf die Spur kommen.

Material: Gips, Wasser, Stöckchen, Anrührgefäß
Alter: ab 5 Jahren (mit Hilfe eines Erwachsenen)

Auf einer Kaninchenwiese (die vorher ausgekundschaftet wurde) nach Kotplätzen und Hoppelspuren im Sand oder an feuchten Stellen Ausschau halten. Verschneite Wiesen bieten natürlich die besten Gelegenheiten, um Spuren zu beobachten.

Deutliche Abdrücke an feuchten Stellen mit Gips ausgießen. Den Gips dickflüssig nach Packungsangaben anrühren und etwas davon in die Spur gießen. Stöckchen kreuz und quer darauf legen und eine zweite Schicht Gips darüber gießen.

Ist der Gips fest, wird er aus der Spur genommen und vorsichtig transportiert. Über Nacht vollständig austrocknen lassen.

Achtung: Die Kinder sollen nichts anfassen, da wilde Kaninchen von allerlei Krankheiten und Parasiten geplagt werden.

Fuchs und Kaninchen sagen sich Gute Nacht – Fangenspiel

Kaninchen wagen sich meistens erst in der Dämmerung aus dem Bau um zu äsen. Nur die Kaninchen, die mitten in der Stadt leben, sind da etwas wagemutiger, denn hier gibt es nicht so viele Greifvögel und Füchse, die sie bedrohen. Wenn eine Gruppe Kaninchen auf einer Wiese äst, sind einige immer besonders wachsam. Sobald eines von ihnen etwas Verdächtiges bemerkt, trommelt es mit den Hinterpfoten auf den Boden – wie der Blitz sind dann die anderen im Bau verschwunden. (s. auch „Der Kaninchenbau", S. 22)

Material: viel Platz und Tücher, um die Eingänge des Baus darzustellen
Alter: ab 4 Jahren

Die Gruppe teilt sich in (ein oder zwei) „Füchse" und die „Kaninchen" auf. Um das Spielfeld werden einige Tücher verteilt, die die Eingänge zu verschiedenen Bauen markieren und durch die die Kaninchen das Spielfeld kurzzeitig verlassen können (Kaninchen haben immer überall Zufluchtsorte auf ihrer Hoppelwiese).

Zu Beginn des Spiels sitzen alle Kaninchen auf dem Boden, die Füchse schleichen am äußeren Rand des Spielfeldes herum. Die Spielleitung wählt ein Kaninchen aus, das zur Warnung auf den Boden trommeln darf – das ist das Startsignal, alle springen auf, das Fangenspiel beginnt. Die Kaninchen können sich im Bau vor den Füchsen in Sicherheit bringen, aber immer nur ein Kaninchen darf in den Bauen sein. Wenn ein neues Kaninchen in den gleichen Bau läuft, muss das erste Kaninchen wieder raus.

Kaninchen

Ich bin ein Mümmelmann

Kaninchen haben eine ganz besondere Nase, die ständig in Bewegung ist. Eine Hautfalte auf der Nase wird dabei zurückgezogen und Luft gelangt in die Nasenlöcher. Man nennt das „Nasenblinzeln". Am Geruch erkennen die Hoppler Artgenossen, entscheiden, ob Futter genießbar ist, oder entdecken frühzeitig Feinde, die sich anschleichen wollen.

Schnurrhaare um die Nase herum ertasten die Umgebung – sehr wichtig im Dunkeln oder im Bau. Kaninchen haben schließlich keine Taschenlampen.

Mit ihren langen Ohren lauschen Kaninchen, ob sich Feinde nähern oder ein anderes Kaninchen durch Füßetrommeln vor Störungen warnt.

Material: Tonpappe, Schere, Kleber, Bindfaden oder Gummibänder, Schminke für die Nase, evtl. Stifte zum Bemalen

Alter: ab 3 Jahren (mit bereits ausgeschnittenen Maskenteilen)

Aus Tonpappe die Teile einer Kaninchenmaske ausschneiden: Gesicht mit Bäckchen und Schnurrhaaren, dabei die Region um die Nase frei lassen; Ohren mit hellerem „Innenteil". Alle Teile zusammenkleben und evtl. noch bemalen. Mit Bindfaden oder Gummiband am Kopf festbinden. Auf die Nase mit Schminke ein Dreieck malen und losmümmeln.

Die Maske kann bei den Spielen getragen werden. Oder die Kinder machen als Kaninchen verkleidet mit beim großen Möhren-Wettmümmeln: Jedes „Kaninchen" bekommt einen Streifen Möhre. Wer mümmelt mit kleinen Kaninchen-Nagebissen als erster sein Stück weg? Geht natürlich auch mit einem Riegel Schoko oder einer Salzstange oder …

Kaninchen

Wir erobern die Wiese

Das Leben der Kaninchen spielt sich im Rudel ab. Ein männliches Tier, ein Bock, erkämpft sich die Vorrangstellung. Ohne Rudel fühlt sich ein Kaninchen nicht wohl. Die Gemeinschaft sichert ihm einen Platz zum Äsen, warnt vor Feinden, gräbt gemeinsam am sicheren Bau. (Auch als Haustiere sollten Kaninchen deshalb nicht alleine gehalten werden.)

Material: Schaschlikspieße, buntes Krepppapier, Klebeband, Schere, evtl. Knete
Alter: ab 5 Jahren (für jüngere Kinder, wenn die Spielleitung oder ältere Kinder mithelfen)

Kreppbänder an einem Ende so um die Schaschlikspieße wickeln und festkleben, dass Blumen entstehen.
Beim Spiel auf einer Wiese die Blumen in die Erde „pflanzen", im Gruppenraum in Kneteklumpen auf den Boden setzen.
Je nach Größe der Gruppe werden drei oder mehr „Kaninchenbosse" ausgelost – für das Spiel ist es natürlich egal, ob es Weibchen oder Männchen sind, pardon: Mädchen oder Jungen.
Ruft die Spielleitung eine Zahl, z. B. „drei", laufen die Kinder schnell zu einem der Bosse. Ein Boss, der mehr als drei Rudelmitglieder hat, muss die überzähligen schnell wegschicken, wer zu wenig hat, muss die noch herumrennenden Kaninchen einfangen.
Der Boss, der die richtige Anzahl Kinder in seinem Rudel unterbringen kann, darf eine Blume pflücken.
Die Spielleitung ruft je nach Alter der Kinder neue Zahlen schneller oder langsamer aus.
Wer am Ende die meisten Blumen hat, hat die Wiese erobert.

Der Kaninchenbau

*Kaninchen graben gemeinschaftlich an einem Bau. Der Bau ist Zuflucht vor schlechtem Wetter und der Ort, an dem die Jungen in warm gepolsterten Nestkammern aufwachsen. Kaninchen sind nämlich so genannte Nesthocker, die blind und nackt völlig hilflos geboren werden. (Hasen dagegen sind Nestflüchter – sie werden als fertige Miniaturen ihrer Eltern geboren. Hasen graben auch keine schützenden Baue.)
Kaninchenbaue sind auch eine wichtige Zuflucht vor Feinden, den Füchsen und Greifvögeln. Ein Kaninchenbau hat deshalb immer mehrere Eingänge, die häufig versteckt liegen und eine schnelle Flucht erlauben.*

Material: Kriechröhren (bzw. Decken und Stühle oder große Pappkartons, Scheren und starkes Klebeband), Decken, Kissen
Alter: ab 4 Jahren

Einen Kaninchenbau aus Kriechröhren zusammensetzen, aus Decken und Stühlen bauen oder große Pappkartons, Schere und Klebeband benutzen: Löcher in die Pappwände schneiden und die Kartons zusammenkleben. Der Bau soll eine oder mehrere Nestkammern haben und mehrere Ausgänge.
Größere Kaninchen polstern die Nestkammern für die kleinen Nesthocker (Puppen, Kuscheltiere oder andere Kinder) schön kuschelig mit Decken und Kissen aus – zum Zurückziehen und Wegträumen. Und wenn die Kaninchenkinder genug geträumt haben, startet die wilde Krabbeljagd durch die Tunnel…

Kaninchen

Wandbild

Kaninchen leben von Gras und Pflanzen, die sie auf den Wiesen rund um ihren Bau fressen. Wenn sie einen Garten mit saftigem Salat und Blumen finden, buddeln sie sich auch unter Zäunen durch. Ihre Wiese und den Rest des Reviers verteidigen sie gegen Eindringlinge aus fremden Kaninchengruppen. Das ist die Aufgabe der Männchen. Eine Kaninchenwiese erkennt man an den Kotplätzen, auf denen alle Kaninchen einer Kolonie ihre braunen Kügelchen ablegen.

Material: Tonpappe, Scheren, Kleber, Watte, Wolle, braunes, grünes und buntes Papier, Stifte

Alter: ab 4 Jahren (mit bereits ausgeschnittenen Pappteilen) (Variante ab 6 Jahren)

Drei bis vier Kinder arbeiten zusammen. Jedes Kind schneidet eine Nestkammer aus, einen Ausgang und viele gerade und verzweigte Verbindungsröhren. Gemeinsam setzen sie einen Kaninchenbau auf einer großen Pappe zusammen (blind endende Gänge sind auch erlaubt, aber höchstens zwei pro Bau).

Über den Bau malen und kleben sie eine Landschaft, mit Wiesen und Pflanzen, die die Kaninchen fressen können. Braunes Papier rollen sie zu Kügelchen, für den echten Kotplatz.

Die Kaninchen kleben die Kinder aus einem großen und einem kleinen Pappkreis plus Ohren zusammen. Mit Watte und Wolle bekommen sie einen Schwanz und Schnurrhaare. Lauter bunte Kaninchen können sich nun im Kaninchenrevier tummeln.

Variante ab 6 Jahren: Futterpflanzen der Kaninchen vorstellen, aus Pappe ausschneiden oder als gepresste Pflanzen in die Landschaft einkleben lassen: Gras, Löwenzahn, Klee, Gänseblümchen, Sonnenblumen, Rosen, Brennnesseln, Sauerampfer, Wegerich und Bärenklau.

Scharfe Zähne, langer Schwanz – Ratten und Mäuse

Mäuse sind „Haustiere" der besonderen Art. Sie zogen bei den Menschen ein, als die begannen, Ackerbau und Viehzucht zu betreiben. Seitdem bereiten ihnen die Menschen in warmen Häusern einen reich gedeckten Tisch. Zu den Zeiten, als Ställe und Wohnräume noch kaum getrennt waren und Waschen als ungesund galt, war die Hausgemeinschaft mit den Mäusen (und anderem Ungeziefer) sehr eng und nicht gerade zum Vorteil der Menschen. Die Flöhe und Läuse, die mal hier ein wenig Maus, dort ein wenig Ratte und hier ein wenig Mensch naschten, verteilten munter Krankheiten wie die gefürchtete Pest. Die vermehrungsfreudigen Nagetiere fraßen oder verdarben mit ihrem Kot die mühsam den Äckern abgerungenen Getreidevorräte.

Diese „Beziehung" ist so alt, dass es verständlich ist, wenn viele Menschen auch heute noch mit Abwehr auf Ratten und Mäuse als Streicheltiere reagieren. Aber die Eigenschaften, die Ratten und Mäuse zu fast unausrottbaren Schädlingen machen, wie ihr enges Sozialleben und ihre Anpassungsfähigkeit, machen die Tiere auch zu liebenswerten Haustieren. Es besteht ein Unterschied zwischen den Wildtieren, die überall ihre Nase reinstecken und deshalb Krankheiten übertragen können, und den zahmen Kerlchen im Käfig. Zum Vergleich: Auch ein Wildkaninchen lässt sich kaum zähmen, ist nicht gerade hygienisch sauber und kann Krankheiten übertragen. Domestizierte Ratten und Mäuse dagegen sind genau wie Hauskaninchen liebevolle, saubere und anhängliche Mitbewohner.

Die domestizierten Formen stammen von der Hausmaus und der Wanderratte ab, die in die Kategorie der „Nagetiere" und außerdem der „Echten Mäuse" gehören. Bis Ratten und Mäuse im Zooladen landeten, wurden sie aber schon seit über hundert Jahren in Laborzuchten für Versuche eingesetzt. Vor einigen Jahrzehnten interessierten sich dann auch Liebhaber für die Tiere und begannen in Vereinen die Farbvarianten der „grauen Mäuse" zu züchten. Bis in die 80er-Jahre ritten Ratten oft auf den Schultern von Punkern mit, als „Extra-Schocker" sozusagen. Inzwischen hat sich aber gerade bei Kindern und Jugendlichen herumgesprochen, dass Ratten und Mäuse klasse Haustiere sind, die auch in Etagenwohnungen gut Platz finden – dass sie damit die eine oder andere Tante immer noch erschrecken können, schadet natürlich auch nicht ...

Die kleine „Mäuseform" hat sich in der Natur sehr bewährt, und so gibt es noch viele andere Tiere, die den echten Mäusen ähnlich sehen. So zum Beispiel die Spitzmäuse, die Miniraubtiere sind, mit Nagetieren gar nichts am Hut haben und mit Fledermäusen und Maulwürfen verwandt sind. Auch keine Echten Mäuse, aber Nagetiere sind die vielen Verwandten der Wühlmäuse, die sich schon mal im Garten unbeliebt machen. Zu ihnen gehören übrigens auch die niedlichen Hamster. In ihrer Heimat Syrien sind sie genauso als Schädlinge verschrien wie unsere Mäuse.

> **Übrigens:** Hamster eignen sich als strikt nachtaktive Tiere einfach nicht als Gasttiere. Tagsüber wären sie kaum zu Aktionen zu bewegen und würden aggressiv reagieren. Als guter Hamsterhalter muss man Disziplin beweisen und die Tiere tagsüber nicht stören, das wäre sehr gesundheitsschädlich für sie. Da das für Kinder schwer genug ist, sollte in Kindergarten und Schule mit gutem Beispiel voran gegangen werden.

Ratten und Mäuse

Labyrinthe basteln

Am schönsten ist es, wenn die Kinder mit ihren Besuchern auch ein wenig spielen oder „experimentieren" dürfen. Labyrinthe sind bei Mäusen und Ratten dafür ideal, da auch aufgeregte Nager in einer fremden Umgebung gerne in Höhlen und Röhren verschwinden (s. „Wir mögen Tunnel", S. 28). Die Labyrinthe werden am besten vor dem Besuch der Tiere gebastelt.

Der Orientierungssinn von Mäusen und Ratten ist berühmt. Forscher setzen sie in die unterschiedlichsten Labyrinthe, um herauszufinden, wie Ratten lernen, ob sie sich die Wege zu den Ausgängen oder Futterbelohnungen merken konnten und wie und wodurch sie lernen sich zurecht zu finden.

Material: Pappröhren für Mäuse, Scheren, übergroße Büroklammern, Schuhkartons für Ratten, Pappe, Scheren, Klebeband, durchsichtiges Plastik (z. B. von Schnellheftern)
Alter: ab 5 Jahren

... für Mäuse

Die kleinen Mäuse passen durch Pappröhren von Toilettenpapier und Haushaltspapier: Löcher in die Pappröhren schneiden und beliebig zusammenfügen. Mit den Büroklammern die Gebilde stabilisieren. Die Klammern dürfen keine scharfkantigen Enden haben.
Kleine Fenster von etwa 1,5 cm Durchmesser in das Labyrinth stechen – so können die Kinder sehen, wo die Mäuse sind und ihre Schnäuzchen beobachten, die sie neugierig herausstrecken werden.

Hinweis: Stellen Sie sicher, dass die Labyrinthe mehrere Ausgänge haben. Nicht zu einfach machen!

Ratten und Mäuse

... für Ratten

Eine ausgewachsene Ratte passt nicht durch eine Toilettenpapierröhre. Für Ratten Schuhkartons nehmen und aus Pappe Labyrinthwände mit Durchgängen stecken. Die Wände so hoch machen, dass sie an den Deckel anstoßen, sonst klettern die Rättchen darüber!

Diese Labyrinthe sollten blind endende Gänge haben und jeweils einen Aus- und Eingang. In die Deckel Guckfenster aus durchsichtigem Plastik einkleben (Klebeband außen!). Die Deckel mit Klebeband befestigen, sonst stupsen die Tiere sie weg.

Die Katze lässt das Mausen nicht

Welche mutige Maus traut sich, sich mit der Glocke der Katze zu nähern?

Material: Glöckchen
Alter: ab 3 Jahren

Die Katze schließt die Augen und hockt in der Mitte des Raumes. Die Mäuse schleichen um die Katze herum. Eine mutige Maus nimmt das Glöckchen und nähert sich der Katze. Sobald die Katze das Glöckchen schellen hört, öffnet sie die Augen und versucht windesschnell eine der Mäuse zu erwischen.
Wer erwischt wird, ist die nächste Katze.

Der Mäuserat

Die Mäuse hielten eine Versammlung und sprachen:
„Was machen wir mit der Katze? Sie kommt leise und verstohlen, unerwartet und schleppt einige von uns davon!"
„Am besten wäre es, ihr eine Schelle um den Hals zu binden. Wenn sie leise und verstohlen kommt, wird die Schelle ertönen, und wir werden davonlaufen!"
So entschieden sich die Mäuse. Eine besonders kluge Maus, die der Versammlung nicht beigewohnt hatte, sprach: „Wie ist die Versammlung verlaufen?"
Die anderen Mäuse sagten ihr: „Wir werden eine Schelle am Hals der Katze befestigen. So haben wir entschieden."
Die kluge Maus sprach: „Der Rat ist gut, aber wer wird die Schelle denn befestigen?"
Da begannen die Mäuse sich abwechselnd zu sagen: „Du wirst sie befestigen." – „Nein, du wirst sie befestigen!"
Und sie antworteten sich gegenseitig:
„Ich werde sie nicht befestigen." – „Nein, ich werde sie auch nicht befestigen!"
Und so ging die Angelegenheit in Rauch auf. So erzählt man sich.

(Märchen aus Äthiopien)

Die Ratten/Mäuse sind da!

Da Ratten und Mäuse in der Regel zu mehreren gehalten werden, können hier auch Kleingruppen jeweils ein Tier bestaunen.

Material: Stuhlkreis, kleine Futtergaben: Käsekrümel, Sonnenblumenkerne (Vorsicht, fettig – nur als Ausnahmeleckerli füttern)
Alter: ab 3 Jahren

Die Tiere sind sicher im Kindergarten/in der Schule angekommen und haben sich von ihrer aufregenden Reise ein paar Stunden (oder die Nacht lang) erholt. Die Gruppe hat sich schon in der Woche zuvor mit Spielen und Aktionen auf die Ankunft der Gäste eingestimmt, sogar über das Leben der Nager wissen die Kinder schon ein bisschen Bescheid. Sie haben Labyrinthe gebastelt und warten jetzt im Stuhlkreis gespannt auf den Auftritt der Tiere ...

Zu Beginn stellt der Besitzer oder die Besitzerin den Kindern die Tiere vor. Die Kinder erzählen, was sie schon alles über die Tiere wissen, und die Spielleitung ermuntert sie, sich ihre eigenen Gedanken zu machen: Wofür braucht die Ratte wohl so einen langen Schwanz?

Anschließend macht der Tierhalter noch auf die Besonderheiten aufmerksam, die die Kinder übersehen haben:

- Vorne an der spitzen Schnauze sitzen die Schnurrhaare, mit denen die Tiere in den dunklen Gängen und Bauten ihre Umgebung ertasten.
- Der Schwanz ist nackt, ohne Fell. Das ermöglicht es dem Tier, Körperwärme über den Schwanz an die Luft abzugeben, wenn ihm zu heiß ist. Außerdem ist der Schwanz sehr lang und kann ein bisschen greifen wie ein Affenschwanz: Das ist zum Klettern und Balancehalten nötig.
- Die Ohren sehen aus wie kleine Tütchen und sind drehbar. Mit ihrer Hilfe können die Tiere auch die leisesten Geräusche einfangen und die Richtung orten, aus der sie kommen.
- Die kleinen Knopfaugen ermöglichen eine Fast-Rundumsicht, um Fressfeinde rechtzeitig zu erkennen.
- Die Vorder- und Hinterpfoten besitzen eine unterschiedliche Anzahl Zehen, nämlich vorne vier und hinten fünf. Können die Kinder die Zehen schon selber zählen? Und was ist mit ihren eigenen Fingern und Zehen?

Dann führen die Erwachsenen vor, wie eine Maus oder Ratte gerne angefasst wird und wie sie richtig hochgehoben wird – nämlich auf keinen Fall am Schwanz. Das würde dem Tier weh tun und bei einer Ratte könnte der Schwanz sogar abbrechen! Wer mag mal streicheln?
Die Kinder können den Tieren auch etwas zu Fressen anbieten: Futter zwischen die Fingerspitzen nehmen oder auf die Hand legen. Dabei werden sie auch das Verhalten der Tiere und das vorsichtige Beschnuppern beobachten können. Mutig sein und die Hand nicht wegziehen!

Ratten und Mäuse

Wir mögen Tunnel

Da Mäuse und Ratten sich immer für Tunnel und Höhlen begeistern können, dürfen die Tiere ruhig einmal in die selbst gebastelten Labyrinthe gesetzt werden.

Material: Tische, selbst gebastelte Labyrinthe (S. 25), kleine Futtergaben (Körner, Käsekrümel, Möhrenstücke – je nach Vorlieben der Tiere)
Alter: ab 3 Jahren

Den Tisch mit Labyrinthen darauf so in eine Ecke schieben, dass schon einmal zwei Seiten des Tisches sicher abgeschlossen sind. Die Kinder und ein Erwachsener je verbleibender offener Seite setzen sich um den Tisch. (Alternativ einen Auslauf aus Tischen konstruieren (s. *Kaninchen-Auslauf*, S. 19) und Labyrinthe, Ratten und Kinder auf den Boden setzen – allerdings haben die Tiere eine Tendenz in Kleidung zu verschwinden!)
An bestimmte Ausgänge verschiedene Futtergaben legen. Die Rattenlabyrinthe aus Schuhkartons können dabei zu beliebig komplizierten Systemen zusammengesetzt werden.

Unter Aufsicht des tierkundigen Erwachsenen wird die Ratte oder Maus in das Labyrinth gesetzt. Nun darf das Tier das Labyrinth erst einmal erkunden. Verschiedene Fragestellungen können nun erforscht werden: Wie lange braucht eine Maus oder Ratte, um durch das Labyrinth zu kommen? Findet sie den Weg beim zweiten Mal schneller? Geht sie immer zum gleichen Ausgang, wenn es dort immer etwas zu fressen gibt? Folgt ein zweites Tier vielleicht der Spur, die das erste Tier gelegt hat? Die Kinder sollen dabei auch eigene Fragen stellen und überprüfen dürfen.
Und dann: Nach ein paar Durchgängen hat der Gast genug gearbeitet und darf wieder ins Ruhezimmer und nach Hause!

Schnüffelschnäuzchen

Für die meisten Säugetiere ist die Nase ungeheuer wichtig (s. auch Kaninchen und Hunde). Nicht nur über Essbarkeit wird so entschieden, die Tiere finden sich so auch in der Umwelt zurecht und ganz wichtig – durch Gerüche werden Botschaften ausgetauscht: Wer bist du? Weibchen oder Männchen? Wie wär´s mit Kindermachen? Gehörst du zu uns?
Mit diesem Spiel wollen wir in die Nasenwelt eines Rattenrudels eintauchen.

Material: Pappkarten in Spielkartengröße, Duftstoffe (Deos, Gewürze, Kräuter etc.)
Alter: ab 4 Jahren (mit Variante)

Ziel des Spiels ist es, dass sich die Mitglieder eines „Rudels" anhand von Gerüchen finden: Auf die Karten (je nach geplanter Rudelgröße) Duftstoffe auftragen (Deo aufsprühen oder ein Gewürz verreiben), sodass sie deutlich riechen und die Duftgruppen klar zu unterscheiden sind.
Die Karten werden gemischt und die Kinder ziehen jeweils eine. Die Kinder, die z. B. eine Zimtkarte haben, schnuppern an den Karten der anderen und suchen nach den Kindern mit den gleichen Karten. Die Kinder, die den jeweils gleichen Geruch auf ihrer Karte haben, finden sich so mithilfe ihrer Nasen zum Deo- oder Zimtrudel zusammen. Wichtig: Bei der Suche dürfen die kleinen Ratten nur schnuppern, nicht reden!

Variante: Für größere Kinder einen zweiten Schwierigkeitsgrad einführen: Als Geruchsmarkierungen nur Deos oder nur Kräuter einsetzen. Die Kinder müssen dann die unterschiedlichen Deo- oder Kräutersorten „auseinander schnuppern" und sich zu Oregano-, Thymian- oder Dill-Rudeln zusammenfinden!

Ratten und Mäuse

Home, sweet home

Ratten und Mäuse fühlen sich nur im Untergrund so richtig wohl. Mäuse eines Rudels bauen innerhalb des gemeinsamen Reviers mehr oder minder verbundene Nester. Ratten bauen komplizierte Tunnelsysteme, die von den Nestkammern einiger weniger Weibchen ausgehen und mit der wachsenden Kolonie immer mehr ausgeweitet werden. Es gibt Nestkammern und Vorratskammern, aus denen jeder mal stibitzen darf. Die Tunnel werden von allen in Stand gehalten. Die Nestkammern werden mit weichen Materialien gepolstert und wenn ein Rattenweibchen Junge hat, sorgt es dafür, dass ja kein Durchzug herrscht. In den Bau oder das Revier dürfen genau wie in das Revier der Mäuse nur die Mitglieder des eigenen Rudels.

Material: Tonpappe, Scheren, Kleber, Wolle
Alter: ab 4 Jahren (mit bereits ausgeschnittenen Pappteilen)

Genau wie die Mitglieder eines Rudels tun sich hier die Kinder zusammen, um gemeinsam einen Rattenbau zu basteln. Jeweils 3–4 Kinder arbeiten zusammen. Jedes Kind schneidet eine Nestkammer aus, einen Ausgang und viele gerade und verzweigte Verbindungsröhren. Außerdem werden noch zwei Vorratskammern gebraucht. Gemeinsam setzen sie einen Rattenbau auf einer großen Pappe aus all ihren Einzelteilen zusammen (blind endende Gänge sind auch erlaubt, aber höchstens zwei pro Bau). Wenn sich das „Rudel" auf die Form seines Baues geeinigt hat, werden die Einzelteile festgeklebt.

Um den Bau richtig gemütlich zu machen, suchen die Baumeister nach weichen Materialien (Papier, Wolle, Gras), um die Nestkammer auszupolstern.

Aus Pappe schneiden sie Tiere aus und befestigen daran einen tollen Schnurrbart und einen geflochtenen Schwanz aus Wolle. Die fertigen Pappentiere kleben sie in und um den Bau fest.

Hinweis: Das Gleiche kann man natürlich auch für Mäuse machen, aber da dort jeder sein eigenes Nest hat, wäre das Spiel nicht kooperativ. Übrigens – die Ratten haben ja noch gar nichts zu fressen! Die Vorratskammer füllt sich mit der nächsten Aktion.

 Ratten und Mäuse

Die Vorratskammer will gefüllt sein

Ratten und Mäuse halten sich gerne da auf, wo Menschen sind. Sie leben in Häusern, im Zoo, in Restaurants, in den Kanälen oder auf dem Bauernhof. Bestimmt haben die Kinder viele andere Ideen, wo die Tiere denn noch wohnen könnten. Fressen müssen sie auch. Mäuse sind weitgehend Vegetarier, die gerne Getreide und Pflanzen, wie Obst und Gemüse, aber auch mal einen Wurm, fressen. Kekse und Brot verschmähen sie natürlich auch nicht. Ratten dagegen sind Allesfresser, so wie wir Menschen. Sie fressen Getreide, Pizza, Obst, Gemüse, Fleisch, Fisch, Insekten – alles, was ihnen so unter die Zähne kommt.

Material: Stifte, Kleber, Schere und Anzeigenblätter vom Supermarkt, Kataloge
Alter: ab 4 Jahren (mit Variante)

Die Kinder suchen sich aus, wo ihre Ratten oder Mäuse wohnen und malen und kleben die dazugehörige Landschaft um den Bau. Aus den Anzeigenblättern und den Katalogen können sie ausschneiden, was die Tiere fressen, und ebenfalls aufkleben.

Variante: Kartoffelstempel mit Ratten- oder Mäusespuren schneiden und Pfade aus lauter Trippelspuren zu den besten Futterquellen legen!

Wo gibt es was zu fressen?

Ratten und Mäuse gehen nicht gemeinsam auf die Futtersuche, aber sie legen Pfade an, die sie mit Urin und speziellen Drüsenabscheidungen markieren. Zu den besten Futterquellen führen die ausgetretensten Pfade!

Material: „Futter" (z. B. Legosteine), Kreide (mehrere Farben), Hof
Alter: ab 4 Jahren (mit Varianten)

Die Kinder in gleich große Rudel unterteilen. Von jedem Rudel führen mehrere Pfade aus Kreidekreisen zu Haufen mit „Futter". Blaue Pfade führen dabei zu blauem Futter usw.
Die Rudel stehen mit dem Rücken zu den Pfaden.
Auf „Los" dreht sich der erste Kundschafter um und läuft auf einem beliebigen Pfad zu einem Haufen Futter und bringt ein Stück davon zurück. Er oder sie muss dabei in alle Kreidekreise des Pfades treten. Der Nächste bekommt das Futter und muss nun als Sammlerin auf den Pfaden weiteres Futter in der gleichen Farbe heranschaffen. Der Nächste ist wieder Kundschafter und darf wieder ein beliebiges Futter heranschaffen usw.
Gewonnen hat das Rudel, das zuerst alle Futterhaufen in seine Vorratskammer gesammelt hat.

Varianten: Indem statt Legosteinen wieder die Geruchskarten (S. 28) benutzt werden, kann das Spiel für größere Kinder noch schwieriger gestaltet werden.

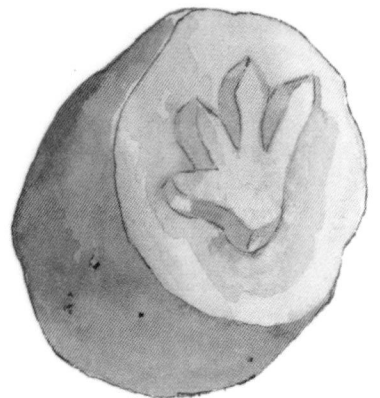

Fabelhafte Flieger – Vögel

Vögel gehören zu den wild lebenden Tieren, denen wir so oft begegnen, dass es uns schon gar nicht mehr auffällt: Tauben, Krähen, Elstern, Spatzen, Amseln, Rotkehlchen – das sind nur einige Arten, die wir sogar in der Stadt ständig sehen. Kein Frühlingsmorgen wäre ohne den Gesang der Singvögel vollständig.

Im Gegensatz zu den meisten (kleinen) Säugetieren sind Vögel tagaktiv, denn sie können sich fliegend vor bodengebundenen Räubern in Sicherheit bringen. Sie haben ungezählte Lebensräume erobert und sind auch selber zu Räubern geworden. Vögel teilen sich die Bäume mit Eichhörnchen, streifen durchs offene Gras wie z.B. Rebhühner, besiedeln das Meer und den Parkteich nebenan oder nutzen unsere Häuserwände als Ersatzfelsen, wie Tauben, Schwalben und Mauersegler. Ihre Ernährungsgewohnheiten sind ebenso vielfältig: Körner, Würmer, Beeren, fliegende Insekten und Insekten, die unter Baumrinde leben, Krabben, Fische, Mäuse und andere Vögel, um nur einiges zu nennen.

Während manche Vögel ihre Flügel benutzen, um nur über kurze Strecken dahin zu flitzen, wie z.B. Meisen, legen andere weite Wanderungen mithilfe ihrer Schwingen zurück. Zugvögel folgen den mit den Jahreszeiten wechselnden Futterquellen über Meere und Kontinente. Vögel sind auch Teil unserer Mythen und Märchen wie die Nachtigall und der Storch oder der Albatross, der den Seefahrern unheimlich war, wenn er auf seinen jahrelangen (!) Ozeanreisen scheinbar aus dem Nichts heraus auftauchte und auf ihren Schiffen Rast machte.

Wir staunen über die bunten Federn, den Balzgesang und die kunstvollen Nester der Vögel. Sie zu beobachten, ist einfach. Mehr als ein kleines Fernglas braucht man in der Regel nicht dazu. Leicht lassen sie sich zur Beobachtung anlocken – Futterstellen und Vogelbäder nehmen sie gerne an.

Um neugierige Kinder in Kontakt mit einem „echten" Vogel zu bringen, ist ein Wellensittich gut geeignet, wenn er zahm ist und ohne Angst auf den Finger kommt. Wellensittiche gehören wohl zu den beliebtesten Käfigvögeln. Die kleinen Australier aus der Familie der Papageien sind bunt und werden bei richtiger Behandlung sehr zahm. Wilde Wellensittiche leben im heißen und trockenen Hinterland von Australien in großen Schwärmen – tausende von Tieren können sich zu einem Schwarm zusammenschließen. Sie sind geschickte und ausdauernde Flieger, die unglaubliche Entfernungen überwinden müssen, um genügend Grassamen zu fressen zu finden oder in der Trockenzeit die nächste Wasserstelle zu erreichen. Die heißesten Stunden des Tages verbringen sie am liebsten in den hohen Eukalyptusbäumen am Rande mehr oder minder trockener Flussläufe. Dort sitzen sie zusammen und „schwatzen" sich etwas vor – das stärkt das Gemeinschaftsgefühl. Diese redseligen Stimmungen hat jeder Wellensittichhalter schon einmal beobachtet.

Fällt dann doch einmal der ersehnte Regen, dann ist die Steppe plötzlich von sprießenden Pflanzen und blühendem Gras bedeckt. Sofort belegen Wellensittichkolonien alle verfügbaren Baumhöhlen und ziehen ihre Jungen in Windeseile groß – und vielleicht gleich noch eine zweite Brut: Wer weiß schon, wie lange der Pflanzensegen noch andauert!

 Vögel

Der listige Papagei

Im Lande Aceh lebte einmal ein Junge, der Meuseukin hieß. Eines Tages suchte er im Urwald nach Brennholz. Auf einem Baum bemerkte Meuseukin viele Vogelnester. Als er genauer hinschaute, sah er, dass darin Papageien nisteten.

„Die Vögel fange und verkaufe ich", dachte Meuseukin, „und dann kaufe ich Kleider für meine Mutter und mich." Am nächsten Morgen bestrich Meuseukin jedes Nest mit einem klebrigen Pflanzensaft.

Die Papageien pflegten tagsüber weit weg auf Futtersuche zu fliegen. Erst abends kehrten sie heim zu ihrem Nistbaum und jeder Vogel suchte sein Nest auf. Aber wie erschraken die schönen Vögel, als sie alle hängen blieben!

Da sprach der König der Papageien: „Wir sind einer List der Menschen zum Opfer gefallen. Tut, was ich euch sage: Morgen früh, wenn der Mensch kommt, stellt ihr euch tot. Er wird euch auf den Boden hinunterwerfen. Erst wenn wir alle 99 Vögel auf den Boden gefallen sind, fliegen wir alle zugleich auf."

Am nächsten Morgen kam Meuseukin zum Papageienbaum. Aber was musste er sehen? Alle Vögel schienen tot, ihre starren Körper bewegten sich nicht mehr. Ganz niedergeschlagen warf Meuseukin die toten Vögel auf den Boden hinunter. Das Nest des Papageienkönigs befand sich ganz oben, deshalb griff Meuseukin zuletzt nach ihm. Doch dabei fiel ihm sein Messer herunter. Die anderen Vögel dachten, es sei der 99. und letzte Vogel und flogen alle auf und davon.

Da erkannte Meuseukin die List der Vögel. „Nun, wenigstens dieser eine soll mir nicht entkommen", dachte er, ergriff den Papageienkönig und trug ihn nach Hause.

Der Papageienkönig hatte Angst um sein Leben und flüsterte Meuseukin zu: „Herr, tötet mich nicht! Pflegt mich gut, und ich werde euer Glück für euch machen!"

Meuseukin glaubte ihm und steckte ihn zu Hause in einen wunderschönen Käfig. Der Papageienkönig sah so schön aus, dass Menschen von weit und breit kamen, um ihn zu sehen. Außerdem konnte er wunderbar singen. Täglich kamen Leute von überall her, um ihn zu bewundern. Sie brachten Meuseukin wohlschmeckende Speisen, Geld und schöne Kleider. So wurde Meuseukin reich.

Über das Land herrschte ein König, der auch von dem prachtvollen Papagei, der so schön sang, erfuhr. Er schickte einen Diener, der Meuseukin und den Vogel an seinen Hof brachte. Der Papageienkönig sang für ihn, und der König war bezaubert. Noch nie hatte er eine so köstliche Stimme gehört. Daraufhin verlangte der Herrscher, Meuseukin möge ihm den Vogel verkaufen. Meuseukin zögerte, doch der Papageienkönig flüsterte rasch: „Herr, verkauft mich dem Fürsten. Ihr werdet noch reicher werden!" Da verkaufte Meuseukin den Papageienkönig an den Herrscher des Landes und lebte fortan sorgenfrei und in Reichtum.

Der Papageienkönig lebte behaglich im Palast. Doch nach einer Weile wünschte er sich zu seinem Volk zurückzukehren und suchte nach einem Weg zu entfliehen. Eines Morgens stellte er sich tot, wie er es schon einmal getan hatte. Der König war sehr traurig und er weinte viele Tränen, als er den toten Vogel sah. Schließlich befahl er einem Diener, den Vogel zu beerdigen.

Der Diener trug den Vogel zu einem blumenübersäten Platz, legte ihn hin und begann das Grab auszuheben. Doch kaum fühlte der Papageienkönig, dass er auf der Erde lag, da schwang er sich in die Lüfte. Wie sehr freute er sich! Endlich war er wieder frei! Und er flog davon, um seine Untertanen, die anderen Papageien, zu suchen.

So gewann er durch Klugheit die Freiheit wieder.

(Indonesisches Märchen)

Der Wellensittich kommt!

Zahme Wellensittiche sind kleine Komiker, die einen ausgestreckten Finger gerne als Ast benutzen. Ein Finger, der durch Gitterstangen gesteckt wird, kann aber auch als hackende Bedrohung aufgefasst werden. Da Wellensittiche soziale Tiere sind und sich wie fast alle Vögel vor allem mit den Augen orientieren, finden sie ihre Spiegelbilder interessant.

Material: kleiner Spiegel, Kolbenhirse, Stuhlkreis
Alter: ab 3 Jahren

Die Kinder wissen schon seit einer Woche, dass der Wellensittich zu Besuch kommen wird. Mit Spielen und Aktionen haben sie sich auf ihren Gast eingestimmt. Im Nebenzimmer hat sich der Vogel nach seiner Reise einige Stunden (oder die ganze Nacht lang) beruhigt. Jetzt warten die kleinen Tierforscher gespannt im Stuhlkreis auf den Auftritt ihres Gastes. Unbedingt Türen und Fenster schließen!

Zu Beginn stellt der Besitzer oder die Besitzerin den Wellensittich vor. Ob der Vogel dabei herausgenommen werden kann, muss im Einzelfall entschieden werden. Sicherer ist es natürlich, die Vögel im Käfig vorzustellen.
Ein scheuer Vogel wird es zu schätzen wissen, wenn die Kinder leise sind und ein bisschen Abstand halten. Ein richtig zahmer Wellensittich wird sich von den Kindern nicht stören lassen und bei ihrem Geplapper mitmachen. Mit wildem Armgewedel kann ein Mensch allerdings auch den gelassensten Vogel zu wildem Flattern erschrecken.

Der Besitzer oder die Besitzerin zeigt den Kindern, wie er/sie mit dem Wellensittich spricht und wie dieser auf den Finger kommt (auch im Käfig möglich). Vielleicht dürfen die Kinder ja auch einmal? Wie fühlen sich die Füße an? Frisst er von der Kolbenhirse, die die Kinder dem kleinen Papagei hinhalten (nicht wegziehen!)? Interessieren sich die Vögel für einen Spiegel?

Die Erwachsenen lenken dann die Aufmerksamkeit auf die Besonderheiten, die es bei einem Sittich zu entdecken gibt:

- Der Schnabel ist krumm, um damit das Futter knibbeln, knacken und nagen zu können – das haben die Kinder anhand der Kolbenhirse schon beobachtet.

- Die Füße können Zweige, Käfigstangen und die Finger der Kinder umgreifen und ermöglichen so dem Vogel einen sicheren Sitz. Wie viele Zehen zeigen dabei nach vorne und wie viele nach hinten? Was würde passieren, wenn alle Zehen in eine Richtung zeigen würden?

 *Vögel*

- Die Federn am ganzen Körper sind unterschiedlich lang: Kurze Federn sitzen am Kopf und am Körper, lange Schwungfedern an den Flügeln. Die Schwungfedern sind steif, damit der Vogel fliegen kann; die kurzen Federn halten warm (s. Feder-Spiele auf S. 38).
- Der Schwanz besteht ebenfalls aus langen Federn; mit ihnen steuert der Vogel seinen Flug und hält im Sitzen sein Gleichgewicht.
- Falls der Vogel fliegt: Hält er im Flug die Flügel immer gerade? Oder dreht er die Flügel je nach Flugbewegung? Wirkt der Vogel im Flug größer?
- Bei Wellensittichen sind die Nasenhäute bei Männchen und Weibchen unterschiedlich gefärbt: Männchen haben eine blaue Nasenhaut und Weibchen eine braune. Dieser kleine Unterschied hilft den Tieren, einen Partner zum Kindermachen zu finden.
- Wellensittiche singen! Ihr Geplapper ist für die anderen Wellensittiche der schönste Gesang. Es bedeutet: Wir gehören zusammen. Deshalb machen manche Wellensittiche auch unsere Sprache nach.

Vögel an Futterplätzen beobachten

Die Winterfütterung oder gar Fütterung im Sommer ist umstritten. Es kann sehr gut passieren, dass die Vögel sich durch das einfach erreichbare Futter fehl ernähren und dass das natürliche Gleichgewicht zwischen den Vogelarten zu ungunsten seltenerer Arten, die sowieso nicht zu den Futterstellen kommen, verschoben wird. Der Hauptkritikpunkt ist allerdings die Krankheitsverbreitung. An der Futterstelle treffen viel mehr Vögel als sonst in der Natur an einem Ort zusammen und ein Umschlagplatz für Viren und Bakterien entsteht. Wenn man die Fütterung auf wenige Tage begrenzt, ist es aber durchaus statthaft, den Kindern Vögel so näher zu bringen. Sie sind dann am einfachsten zu beobachten. Es kann ein bis zwei Tage dauern, bis viele Vögel den Futterplatz entdeckt haben. Achten Sie auf peinliche Sauberkeit: Einmal am Tag muss alles von Kot und Futterresten gereinigt bzw. das Wasser gewechselt werden. Begrenzen Sie eine Fütterungsaktion auf wenige Tage, das Vogelbad kann ruhig länger im Einsatz bleiben.
Vorsicht: Futterstelle immer so hoch aufhängen, dass keine Katzen daran kommen!

Vogelfutter à la carte

Material: eingerichtete Futterstelle (Vorschläge s. unten), Ferngläser
Alter: ab 4 Jahren (mit Variante ab 6 Jahren)

Die Kinder beobachten die Vögel, die zur Futterstelle kommen. Da nicht jeder Vogel alles frisst, ist es interessant festzustellen, wer Körner frisst, wer Würmer frisst oder beides. Sind alle Vögel so geschickte Kletterer wie die Meisen? Ideal ist es, die Futterstelle vor einem Fenster aufzubauen. Dann können die Kinder die Vögel von drinnen beobachten.

Variante ab 6 Jahren: Gemeinsam die gesehenen Vögel im Vogelbestimmungsbuch nachschlagen. (s. auch Projekte S. 119)

Vögel

Vogelbad

Material: flache Schale, Wasser, erhöhter, katzensicherer Standort, warmes Wetter
Alter: ab 3 Jahren

Das mit Wasser gefüllte Vogelbad katzensicher aufstellen. Besonders an warmen Tagen werden sich badefreudige und durstige Vögel einfinden.

Nussschlange

Über dieses Futter freuen sich Meisen und Finken.

Material: Erdnüsse in der Schale, Webnadel, Paketschnur, andere Nüsse wie Wal- oder Paranüsse ohne Schale
Alter: ab 5 Jahren

Erdnussschalen mit der Webnadel durchbohren. Die Erdnüsse mit Schale sowie andere Nüsse (z. B. Wal- oder Paranüsse) ohne Schale auf die Paketschnur auffädeln. Die Nussschlange in einen Baum hängen.

Gefüllter Tannenzapfen

Material: Pflanzenfett, Topf, Vogelfutter, gehackte Nüsse (ohne Gewürze oder Salz!), Haferflocken, Löffel, Tannenzapfen, Schnur
Alter: ab 3 Jahren (mit Hilfe eines Erwachsenen)

Pflanzenfett in einem Topf erwärmen, bis es schmilzt. Vogelfutter, Nüsse und Haferflocken unter das Fett rühren und erkalten lassen, bis es cremig und handwarm ist. Die Masse in die Zwischenräume eines Tannenzapfen drücken. Faden am Tannenzapfen befestigen und daran aufhängen.

Meisenglocke

Material: Pflanzenfett, Vogelfutter, Jogurtbecher, Zweig, Schnur
Alter: ab 5 Jahren

Pflanzenfett erwärmen und Vogelfutter einrühren. Mischung in den Jogurtbecher geben und erkalten lassen. Jogurtbecher entfernen und Zweig hineinstecken, solange die Masse noch etwas weich ist. Aushärten lassen. Schnur an Zweig binden und aufhängen.

Futterbaum

Material: Holzklotz, Bohrer, Hakenschraube, Vogelfutter, Pflanzenfett, Schnur
Alter: ab 6 Jahren

In den Holzklotz mehrere große Löcher bohren. Hakenschraube in ein Ende des Klotzes hineindrehen. Eine Mischung aus Pflanzenfett und Vogelfutter (s.o.) in die Bohrlöcher drücken und den Klotz am Haken an einer Schnur aufhängen. Vielleicht kommt sogar ein Specht zu Besuch!

Wurmkarton

Material: Eierkarton, Mehlwürmer aus dem Zoohandel, Schere
Alter: ab 3 Jahren

Mehrere fingerdicke Löcher in den Karton stechen. Die Mehlwürmer in den Karton schütten und den Karton verschließen. Karton an die Futterstelle stellen. Nach und nach kriechen die Würmer heraus.
Im Winter die Würmer direkt auf die Futterstelle schütten, denn dann sind sie zu träge, um zu kriechen!

Vögel

Vogelstimmen

Vögel sind häufiger zu hören als zu sehen. Vögel warnen laut vor frechen Eindringlingen, verständigen sich untereinander und die Singvögel verteidigen sogar ihr Revier mit ihrem Gesang: „Hier wohne ich, hier brauchst du dich nicht blicken lassen!" Entenschnattern, Krähenkrächzen und den Kuckuck, das kennen bestimmt die meisten Kinder. Aber auch eine Singvogelstimme wie die Amsel ist wirklich einfach wieder zu erkennen. (s. auch Projekt „Vogelwanderung", S. 120)

Material: Vogelstimmen-CD (ausgewählte Aufnahmen), CD-Player, Pappen mit Vogelbildern (zu den ausgewählten Vogelstimmen)
Alter: ab 4 Jahren (mit Variante ab 6 Jahren)

Jedes Kind bekommt eine Pappe mit Vogelbild. Augen schließen. Eine Vogelstimme (Ente, Taube, Eule, Spechtklopfen, Amsel, Kuckuck oder Krähe) vorspielen. Die Kinder, die die richtige Pappe haben, halten sie hoch. Augen öffnen und schauen, was die anderen gemacht haben.

Variante ab 6 Jahren: Zusammen mit den Kindern eine Geschichte erfinden, in der einige oder alle Vogelstimmen vorkommen und gemeinsam ein Hörspiel aufnehmen. Dafür die Vogelstimmen von der CD benutzen oder die Stimmen nachmachen.

Alle zusammen!
Das Schwarmspiel

So unterschiedliche Vogelarten wie Wellensittiche, Bergfinken, Flamingos oder Stare schließen sich zu Schwärmen zusammen, die hunderte oder gar tausende von Vögeln umfassen. Schwärme können Räuber durch ihre schiere Masse verwirren, weshalb manche Zugvögel wie die Stare oder Schwalben ihre weiten Reisen lieber in Gesellschaft antreten. Atemberaubend sieht es immer wieder aus, wenn anscheinend jedes Tier in dem Schwarm gleichzeitig wendet. Wie machen die Vögel das nur, dass sie nicht zusammenstoßen?

Ort: große Freifläche
Alter: ab 5 Jahren (mit Variante)

Das Spiel findet draußen statt – viel Platz wird gebraucht, außerdem ein oder mehrere Ziele, die erreicht werden sollen (das kann eine Tür sein oder ein Baum).
Die Kinder spielen Schwarm und „fliegen" gemeinsam herum. In einer oder in mehreren Gruppen finden sie selbst heraus, wie sie sich am besten untereinander verständigen können, sodass sie als Schwarm und ohne Karambolagen ihr Ziel erreichen. Richtig schöne Kurven müssen sie fliegen, wenn auf der „Flugstrecke" ein paar Kisten oder Stühle Hindernisse bilden.
Soll ein Anführer die Richtung vorgeben? Sollen sie in die Richtung fliegen, die die meisten im Schwarm brüllen (das kann „links" oder „rechts" sein, aber einfacher ist es, Orientierungspunkte zu rufen wie „Mauer" oder „Frau Soundso")? Geht es ganz ohne Ansage? Geht es auch in der größeren Gruppe?

Variante: Warum ist es schwierig für einen Raubvogel, in einem Schwarm einen Vogel zu erwischen? Das zeigt sich, wenn ein „Greif"-vogel ausgelost wird, der einen Vogel aus dem Kinderschwarm erlegen will.
Der Schwarm „fliegt" möglichst noch gemeinsam auf dem Schulhof herum und versucht dem Greifvogel auszuweichen. Der Greifvogel darf nicht einfach mit ausgebreiteten Armen in den Schwarm laufen – das kann ein Habicht ja auch nicht – sondern nur ganz bestimmte Kinder abschlagen, z.B. nur die mit blauen T-Shirts, oder er muss Tücher erbeuten, die einige Kinder hinten im Bund stecken haben. Wenn er einen Vogel erbeutet, tauscht er mit seiner „Beute" die Rolle.

 Vögel

Der flutschige Wassertropfen

Unter den Tieren haben nur die Vögel Federn, die brauchen sie zum Fliegen. Federn haben immer einen festen Kiel in der Mitte und viele kleine Seitenarme. Diese Seitenarme haben winzige Haken, sodass sie wie mit einem Reißverschluss zusammenhalten. Ein Vogel muss seine Federn gut pflegen: Jeden Tag putzt er sich und streicht zerzauste Deckfedern wieder glatt, damit sie wasserdicht bleiben. Ansonsten würde sich das gesamte Gefieder voll Wasser saugen. Dann wäre dem Vogel kalt und er wäre so schwer, dass er nicht mehr fliegen könnte.

Material: echte Federn aus dem Bastelladen, Pipettenfläschchen (z. B. von Nasentropfen), Wasser, evtl. gesammelte Federn, Lupen
Alter: ab 5 Jahren (mit Variante)

Die Kinder bekommen Federn, um sie mit der Lupe zu untersuchen. Sie können zerzaust und wieder glatt gestrichen werden.
Die Kinder probieren auch selber aus, dass Wasser an den Federn abtropft:
Einen Wassertropfen mithilfe des Pipettenfläschchens auf eine der Federn setzen. Die Kinder reichen den Tropfen im Kreis herum, indem sie ihn von einer Feder auf die andere abtropfen lassen.

Variante: Zwei gleich große Gruppen von SpielerInnen mit je zwei Federn geben den Wassertropfen als Wettspiel weiter. Wer den Tropfen verliert, muss vorne wieder mit einem neuen Tropfen anfangen!

Was heißt hier federleicht?

Federn sind ganz leicht, aber sehr stabil, das ist wichtig zum Fliegen. Fliegen kostet nämlich viel Muskelkraft, ein schwerer Vogel könnte gar nicht vom Boden abheben.

Material: echte Federn (aus dem Bastelladen), Briefwaage
Alter: ab 6 Jahren

Wie viel wiegt eine Feder? Wie viele Federn wiegen so viel wie ein Stift?

Federschmuck

Federn werden von den Menschen nicht nur zum Warmhalten in Daunenjacken und Betten benutzt – die buntesten dienen bei vielen Völkern als Schmuck: Indianerschmuck oder die Feder am Hut, die mir so gut steht. Warum sind die Vogelfedern eigentlich so bunt? An den Federkleidern erkennen die Vögel andere Vögel ihrer Art. Und natürlich sind bunte Federn für die Männchen wichtig, um die Weibchen zu beeindrucken.

Material: lange, stabile Federn, Bastelwellpappe, Tacker, Schere
Alter: ab 3 Jahren

Aus Wellpappe ein Stirnband schneiden und auf Kopfgröße zusammentackern. Federn oben in die Wellen stecken.

Vögel

Brrrr – Gänsehaut

Unser Körper ist warm. Damit das so bleibt, ziehen wir dicke Sachen an. Manchmal reicht schon eine Windjacke: Die verhindert, dass der Wind die dünne Luftschicht wegpustet, die der Körper um uns herum aufgewärmt hat. Aber wenn es richtig kalt ist, dann muss die Wolljacke her. Der Wollstoff fängt eine dicke, warme Luftschicht ein, die uns vor der kalten Umgebung schützt.
Vögel können sich nicht umziehen; wenn ihnen zu kalt wird, plustern sie sich auf. Glattes Gefieder = dünne Jacke, aufgeplustertes Gefieder = dicke Jacke. Auch die Haare auf unserem Körper wollen sich aufrichten, wenn uns kalt wird – wir bekommen eine Gänsehaut.

Material: Eiswürfel
Alter: ab 4 Jahren

Wer hat schon mal eine Gänsehaut gehabt? Mit einem Eiswürfel auf dem Unterarm lässt sie sich schnell herstellen – Quietschen inbegriffen.

Schreibfeder

Bevor es Füller gab, schrieben die Menschen mit Gänsefedern.

Material: große, echte Federn, Messer, Tinte, Papier
Alter: ab 6 Jahren

Den Kiel einer Feder schräg wie bei einer Schnittblume anschneiden. Die Spitze in die Tinte tauchen. Die Tinte soll dabei in den Kiel hochgesaugt werden.
Die Kinder schreiben oder malen auf dem Papier. Meistens sind mehrere Anläufe nötig!

Vögel

Jeder hat einen Vogel

Diese schrägen Vögel können sogar auf einem Waldausflug gebastelt werden.

Material: Tannenzapfen, Knete, Federn oder Herbstlaub, Bindfaden
Alter: ab 4 Jahren

An das stumpfe Ende des Zapfens mit Knete einen Schnabel modellieren und Augen aufkleben. Zwischen die Schuppen des spitzen Endes etwas Knete drücken. Dort herein die Federn oder Blätter für den Schwanz stecken. Wer will, kann auch noch ein Paar Flügel dazufügen. Die Vögel an die Decke hängen oder als Mobiles auf den Aufwinden des Gruppenraums segeln lassen.

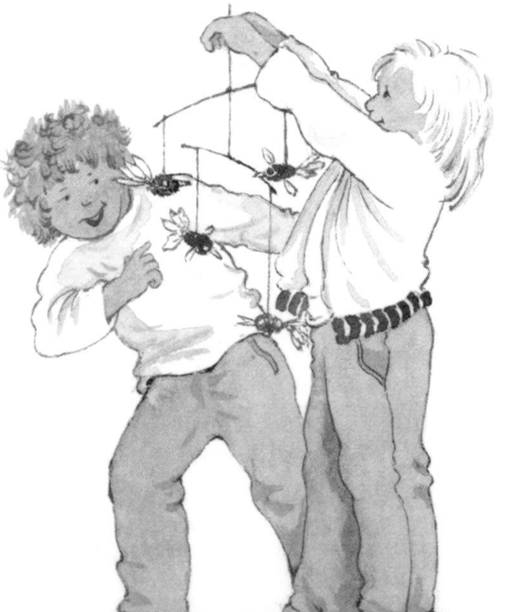

Unglaublich geschickt

Da Vögel ihre „Arme" zum Fliegen benutzen, haben sie nur ihren Schnabel, um etwas festzuhalten. (Nur wenige Vögel wie Papageien benutzen auch ihre Füße zum Greifen.) Und damit bauen manche Vögel die tollsten Nester.

Material: Pinzetten oder Essstäbchen oder hölzerne Stricknadeln, buntes Papier, Wolle, Schere, Kleber, Stifte
Alter: ab 4 Jahren

Die Kinder bekleben ein Nest aus Papier mit Wollfäden. Dabei benutzen sie nur die Stäbe oder die Pinzetten, die sind ihr „Schnabel". Das Nest wie eine Tasche auf ein Papier kleben. Einen Vogel ausschneiden, anmalen und in das Nest setzen.

Tipp: Einfacher lassen sich Essstäbchen und Stricknadeln mit einem Trick handhaben: Aus Papier einen länglichen Knösel zusammenknüllen. Die Essstäbchen aneinander legen und den Knösel an einem Ende dazwischen klemmen. Mit einem Gummiband festzurren. So entsteht eine einfache Pinzette.

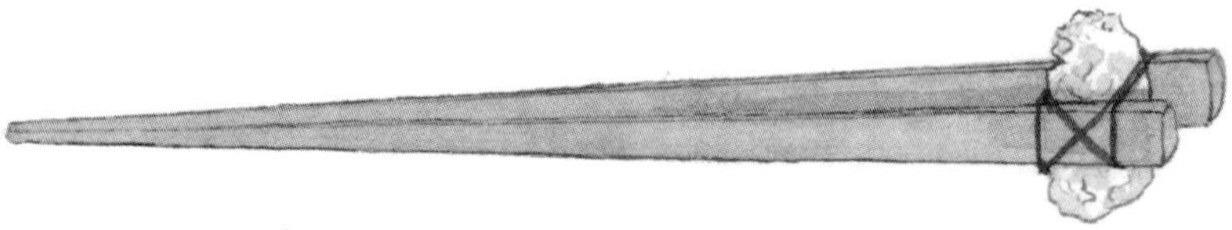

40

Der Lack ist ab

Eier werden in der Henne wie am Fließband zusammengesetzt: Die Eizelle ist der Dotter, der neben dem Embryo auch dessen Nahrungsvorräte umfasst. Sie wird vom Eiweiß umgeben, das den Dotter schützt und mit Wasser versorgt. Dann kommen zwei schützende Membranen drum, anschließend sondern Drüsen den Kalk für die Schale ab und ganz zum Schluss kommt die Farbe drauf.

Material: frisches braunes Hühnerei, weißer Tafelessig oder Essigessenz, Glas
Alter: ab 3 Jahren (mit Hilfe beim Kalkabwischen)

Braunes Ei in ein Glas mit Essig oder Essigessenz legen. Die Essigsäure löst den Kalk (unter Bildung von Kohlendioxidbläschen) ab, bis nur noch die weiche Membran übrig bleibt. Der Vorgang dauert mehrere Tage. Zwischendrin das Ei vorsichtig aus dem Glas nehmen und den aufgeweichten Kalk abwischen. Nach etwa einem Tag wird das braune Ei weiß, weil die braune Farbschicht sich als erstes auflöst.

Wer schlüpft denn da?

Mehrere Wochen lang, je nach Vogelart, wird das Ei bebrütet und sorgfältig mehrmals am Tag gewendet. Schon vor dem Schlüpfen melden sich die Küken aus dem Ei mit feinen Piepsern, denen die Eltern antworten. Mit einem spitzen Kalkaufsatz auf dem Schnabel, dem Eizahn, durchstoßen die Küken die Schale beim Schlüpfen rundherum und drücken sie dann mit dem Kopf weg. Das ist harte Arbeit!

Material: Papier, kleine Luftballons für Wasserbomben, Kleister, große Becher, Farben, Messer, Toilettenpapierrollen, Pappe, Stifte
Alter: ab 5 Jahren

Die Luftballons aufblasen und mit Papierstücken bekleistern. Becher dienen als Halterungen für die Ballons während der Arbeit. Trocknen lassen.
Rundherum mit dem Messer vorsichtig einen „Eierdeckel" mit Zickzackrand ausschneiden, den Luftballon platzen lassen und herausziehen. Die Eier nach Belieben bemalen.
Aus Toilettenpapierrollen Stücke so abschneiden, dass sie in die Eier passen. Kükengelb bemalen, Schnabel aus rotem Tonpapier ankleben und Augen aufmalen. Wer möchte, kann innen am Ring auch noch Papp-Flügel ankleben und in Form biegen. Küken ins Ei setzen und schlüpfen lassen.

Freunde und Helfer – Hunde

Hunde stammen aller Wahrscheinlichkeit nach von Wölfen ab. Zusammen mit den Füchsen, Kojoten, Schakalen und Wildhunden bilden sie die Gruppe der Hundeartigen. Ihre Domestikation fing schon an, als die Menschen noch als Jäger und Sammler durchs Land zogen. Sehr wahrscheinlich jagten die Menschen Wölfe für ihr Fleisch, folgten ihnen aber auch auf ihren Beutezügen, weil die Wölfe die besseren Nasen zum Aufspüren von Wild hatten. Manche Wölfe trieben sich auch bei den Lagern der Menschen herum und ernährten sich von deren Nahrungsresten. Sie bewiesen ihren Nutzen, wenn sie vor anderen gefährlichen Tieren warnten oder auch vor feindlich gesinnten Menschen. Mit der Zeit begannen die Menschen Jungtiere großzuziehen und wählten von den nächsten Würfen die aus, die zahmer waren, die besonders gut zur Jagd taugten, sehr schnell auf Fremde reagierten oder besonders stark waren. In Nordamerika z. B. wurden Hunde als Lastentiere benutzt, bevor die Indianer Pferde kennen lernten. Einige Stämme schoren ihnen sogar das Fell und züchteten spezielle Wollhunde.

Eine unwahrscheinliche Vielfalt an Nutzhunden entstand mit der Zeit: Es gibt mehrere hundert Rassen von Hütehunden, Jagdhunden, Spürhunden, Windhunden, Wachhunden und Schlittenhunden. Natürlich darf man auch die Haus- und Schoßhunde nicht vergessen, denn durch ihre Anhänglichkeit und Gelehrsamkeit waren Hunde schon im Altertum als Hausgefährten beliebt. In China züchtete man einen Hund, der wie ein kleiner Löwe aussehen sollte – den Pekinesen, der eine wichtige Rolle in buddhistischen Zeremonien spielte. In modernen Zeiten hat die Vielfalt der Hundeerscheinung – groß, klein, langhaarig, mit Punkten oder langem Fell – zur Entstehung von Rassehunden geführt; teilweise mit absurden Auswüchsen, wo das Aussehen der Hunde ihrer Gesundheit und ihrem Wohlbefinden übergeordnet wurde. Manche schmalhüftigen Rassen können nur mithilfe eines Kaiserschnittes gebären!

Hunde sind als Rudeljäger darauf eingestellt, sich ihrem Rudel total anzupassen, eine Loyalität, die sie bei richtiger Pflege auch auf Menschen übertragen. Kein Wunder also, dass fast 5 Millionen Hunde in Deutschland leben.

Hunde

Warum Hunde und Katzen sich nicht leiden können

Die Tiere hatten einmal sehr wichtige Dinge zu besprechen und hielten deshalb eine große Versammlung ab: Von jeder Tierart sollte ein Tier teilnehmen. Da kamen die Vögel und die Fische und die Vierfüßer, bis alle beisammen waren und nur der Elefant noch fehlte.
Der Elefant kam und kam nicht. Da beschlossen die Tiere, einen Boten zu ihm zu schicken, um ihn zu holen. Sie losten und das Los traf den Hund. Der Hund aber sagte: „Wie soll ich den Elefanten erkennen? Ich habe doch noch nie einen gesehen!"
„Den kannst du leicht finden und erkennen", sagten die anderen Tiere, „er hat ja einen Buckel auf dem Rücken."
„Dann werde ich ihn bestimmt finden!", rief der Hund und lief davon.
Er begegnete aber einer Katze, die gerade einen Buckel machte, und lud sie höflich ein, mit ihm zu kommen. Die Katze folgte ihm – immer noch mit gehobenem Buckel – bis in die Versammlung der Tiere und dort stellte der Hund die Katze vor: „Hier bringe ich euch den Elefanten!"
Da lachten die anderen Tiere ihn aus, bis der Hund sich vor Scham und Ärger verkroch.
Seitdem ist er der Katze spinnefeind.

(Deutsches Märchen)

Hunde

Der Hund kommt zu Besuch!

Hunde (die gut erzogen und freundlich sind und Kinder mögen!) sind ausgesprochen gute Gasttiere, da sie nicht an einen Käfig gebunden sind und meist von sich aus mit den Kindern Kontakt aufnehmen. Hunde haben einen sehr feinen Geruchsinn, mit dem sie andere Hunde identifizieren, Kaninchen und Katzen aufspüren oder Reviermarkierungen lesen können. Zur Begrüßung schnüffeln sie deshalb an Mensch und Hund.

Alter: ab 3 Jahren

Hunde kennt jeder, trotzdem haben die Kinder sich mit Spielen und Aktionen auf ihren Besuch eingestimmt und bestimmt das eine oder andere aufgeschnappt, dass sie noch nicht wussten. Sie haben einen Stuhlkreis gebaut und erwarten ihren Gast. Ein Hund ist ans Spazieren gehen und fremde Menschen gewöhnt, er braucht deshalb keine lange Beruhigungszeit, nachdem er im Kindergarten oder in der Schule angekommen ist.

Die Besitzerin oder der Besitzer stellt den Hund den Kindern vor: wie er heißt und welcher Rasse er angehört. Die Kinder lassen sich zur Begrüßung vom Hund beschnüffeln (nur die, die keine Angst haben!).

Die Erwachsenen zeigen den Kindern, wo der Hund gerne gestreichelt wird, und furchtlose Kinder dürfen ihn einmal kraulen. Wie fühlt sich sein Fell an? Rau oder weich? Was macht eigentlich sein Schwanz? Wedelt der? Dann fühlt der Hund sich wohl. Und was macht der Hund mit seinen Ohren? Stellt er sie vielleicht neugierig auf, wenn er ein Kind beschnüffelt? Macht er sich klein, weil er Angst vor jemanden hat? Au wei, jetzt bellt er! Gut, dass er noch an der Leine ist, da müssen sich die eher ängstlichen Kinder nicht so fürchten.

Was ist an einem Hund denn noch so dran:

- Er hat raue Pfoten mit Krallen, die nicht eingezogen werden können. Deshalb machen Hunde beim Laufen auf Stein- oder Holzfußböden immer dieses lustige klackernde Geräusch.

Hunde

- Die Nase des Hundes sollte feucht sein. Eine trockene Nase deutet darauf hin, dass der Hund krank ist. Die Nase ist sehr empfindlich – ein Hund nimmt alle Gerüche viel deutlicher wahr als wir.
- Die Zähne – und vor allem die Eckzähne – sind kräftig ausgebildet. Der Hund ist ein Raubtier: Nur mit spitzen, scharfen Zähnen lässt sich Beute gut packen.
- Der Hund hat eine lange Schlabberzunge – manche Hunde lecken damit gerne Menschen zur Begrüßung ab. Aber sie lassen sie auch heraushängen, wenn ihnen warm ist. Hunde können nämlich nicht schwitzen und können sich nur so abkühlen – wie die Ratte mit ihrem Schwanz.
- Hundeohren sind beweglich – manchmal drehen sie nur ein einzelnes Ohr nach hinten, wenn ihnen ein Geräusch auffällt. Die Ohren sind aber genau wie der Schwanz wichtig für die Körpersprache. Aufgestellte Ohren und ein wedelnder Schwanz verraten Aufmerksamkeit, zurück gelegte Ohren und ein eingezogener Schwanz Angst.

Wir gehören zusammen

Ohne sein Rudel könnte kein Wolf und kein Hund überleben. Wölfe demonstrieren mit Heulkonzerten ihre Zusammengehörigkeit. Auch Hunde brechen bei lauten Geräuschen in ihrer Familie schon einmal in Gesang aus. Allein gelassen fragen sie heulend: Wo seid ihr abgeblieben?

Alter: ab 3 Jahren

Können die Kinder den Hund mit einem Wolfsheulkonzert zum Mitheulen anregen?

Spaziergang

Der Hund kann im Klassen-/Gruppenraum vorgeführt werden, aber richtig spannend wird es erst, wenn alle zusammen einen Spaziergang machen. Alle Hunde haben einen ausgeprägten Jagdtrieb. Bällen oder Stöckchen flitzen sie deshalb gerne hinterher.

Material: Stöckchen oder Bälle
Alter: ab 3 Jahren

Zusammen oder in einer kleineren Gruppe machen die Kinder einen Spaziergang mit dem Hund und beobachten ihn gut. Was beschnüffelt er? Setzt er selber Pipimarkierungen ab? Was macht er, wenn er anderen Hunden begegnet (z. B. auf der Hundewiese)?
Auf einer großen Wiese werfen die Kinder Stöckchen oder Bälle für den Hund.

Der Spaziergang im Gruppenraum

Material: Papier, Stifte, Farben, Kleber, Collagematerial
Alter: ab 6 Jahren

Jedes Kind malt auf einem Papier Hundespuren und alle legen die Papierseiten zu einem langen „Spaziergang" zusammen.
Sie überlegen, was der Hund auf seinem Spaziergang gemacht und gesehen bzw. gerochen hat.
Sie malen bzw. kleben diese „Stationen" entlang der Hundespuren auf: angepinkelter Zaunpfahl, andere Hunde, Kaninchen, Wurst etc.
Den Spaziergang hängen Sie rund um im Raum auf.

Wachhunde

Hunde bewachen ihr Rudel. Sie haben ein festes Revier, in dem sie keine Eindringlinge dulden. Das kann der Garten sein oder die Wohnung. Laut melden sie alles an, was sie riechen, sehen oder hören. Hunde haben ein scharfes Gehör, das sogar Ultraschalltöne wahrnimmt.

Material: Stuhlkreis, Augenbinden
Alter: ab 5 Jahren

Stuhlkreis bilden mit den Stuhlrücken nach innen, Abstand zwischen den Stühlen etwa eine Armlänge. Die Kinder (Wachhunde) sitzen mit verbundenen Augen auf den Stühlen, die Hände dürfen sie nicht vom Schoß nehmen. Zwei bis drei Kinder schleichen um den Stuhlkreis herum und versuchen unbemerkt durch die Lücken hereinzugelangen. Die Wachhunde, die einen Eindringling bemerken, bellen und das Kind muss es woanders noch mal versuchen. Wenn alle drei Kinder es ins Kreisinnere geschafft haben, feiern sie das mit einem Heulkonzert.

Blindenhunde

Blindenhunde führen blinde Menschen durch den Alltag. Sie werden lange und sorgfältig trainiert, um ihre Menschen später vor Autos zu warnen oder auf Treppenstufen hinzuweisen. Blindenhunde und Menschen haben ein sehr enges Verhältnis, das sich auf absolutes Vertrauen gründet.

Material: Augenbinden, Parcours mit Hindernissen
Alter: ab 4 Jahren (mit Variante)

Jeweils zwei Kinder spielen zusammen: Der Mensch bekommt die Augen verbunden und wird vom „Blindenhund" über den Parcours geführt. Der Hund darf dabei sprechen. Anschließend tauschen beide die Rollen.

Variante: Es werden Zeichen vereinbart, wie einmal Bellen für Hindernis, zweimal Bellen für Bücken, mit deren Hilfe der Hund den Menschen warnt.

Schlittenhunderennen

Die bekanntesten Schlittenhunde sind die nordamerikanischen Huskies mit ihren blauen oder braunen Augen. Jeder Hund eines Schlittenteams hat eine besondere Aufgabe. So halten z. B. die Hunde direkt vor dem Schlitten diesen auf Spur und müssen besonders stark sein. Die vordersten Tiere sind die Leithunde, die auf die Kommandos des Schlittenlenkers reagieren, sie müssen besonders schlau sein.
Schlittenhunde gibt es rund um die Arktis von Alaska bis Russland. Eskimos und andere Völker verlassen sich teilweise noch heute auf ihre vierbeinigen Helfer.

Material: Spielfeld, Stöcke
Alter: ab 5 Jahren (mit Variante)

Die Kinder bilden Sechser-(Vierer- oder Achter-) Teams, die in zwei Reihen vor ein Schlittenführerkind gespannt sind. Dieses hält einen Stock mit beiden Händen fest. Die ersten zwei Kinder des Hundeteams halten sich mit einer Hand an jeweils einem Ende des Stockes fest. Beide Hundekinder fassen ein weiteres Kind an der Hand, das wiederum ein weiteres an die Hand fasst ...
Die Schlittenteams tragen nun Rennen aus. Gewinnen kann ein Team nur, wenn es vollständig im Ziel ankommt.
Schlittenführer in Alaska rufen übrigens: Mush! Mush!

Variante: Die Rennstrecke wird mit zu umrennenden Hindernissen schwieriger gemacht.

Hunde

Schafe treiben

Bei Hütehunden wie den berühmten Border Collies wird die Teamfähigkeit dazu genutzt, eine quirlige Schafsherde zusammen zu halten und zu treiben. Die Hunde reagieren auf jede Anweisung der Schäfer, aber nicht nur von den Menschen lernen sie ihr Handwerk, sondern auch von den älteren Hunden des Teams. Border Collies bellen übrigens nicht, sondern schauen den Schafen nur starr in die Augen.

Material: Spielplatz oder Pausenhof, Tor, Pappkarten mit Schafen und mit Hunden darauf, Stoffbinden
Alter: ab 5 Jahren

Mithilfe der Pappkarten auslosen, wer die Schafe und wer die Hunde spielt. Es werden zwei bis vier Hunde und etwa 10 bis 15 Schafe gebraucht. Die Hunde bekommen eine Stoffbinde um den Arm oder den Kopf, damit alle Mitspieler sie gut erkennen können.
Die Schafe sollen von den Hunden gemeinsam von einer Seite des Hofes als Herde ins Tor auf der anderen Seite des Hofes getrieben werden. Die Hunde dürfen die Schafe nicht anfassen oder schubsen und die Schafe müssen umkehren, wenn sie direkt angebellt werden. Die Schafe bleiben am liebsten zusammen, aber ab und zu versucht eines zu entwischen. Die Hunde dürfen sich untereinander verständigen. Die Rollen werden neu verteilt, wenn die Herde sicher im Tor angelangt ist.

Variante: Zwei Hundeteams mit ihren Schafen spielen gegeneinander. Welches Team treibt seine Herde zuerst durch sein Ziel?

Hampelhund

Hunde verständigen sich mit Lauten und Körpersprache. Der Hund bellt (siehe „Wachhunde"), um andere zu warnen, oder weil er aufgeregt ist. Er knurrt, wenn er seinen Gegner warnt: „Geh weg oder ich beiße". Hunde wedeln mit dem Schwanz, wenn sie sich freuen oder jemanden mögen, oder rollen sich auf den Rücken, wenn sie am Bauch gestreichelt werden wollen.

Material: Tonkarton, Fäden, Musterklammern, Schere, Stifte, Wolle, dünne Spiralbindungen (aus Blöcken oder vom Kopierladen), Cents und Kleber, Holzperlen
Alter: ab 5 Jahren

Die Einzelteile des Hundes auf Tonpappe übertragen und ausschneiden. Die Tiere mit Schnurrhaaren aus Wollfäden verzieren und nach Belieben anmalen.
Das Gegengewicht festkleben (s. Abb.).
Die beweglichen Teile mit den Musterklammern als Gelenke befestigen. Die Fäden für die Mechanik anbringen, sodass der Hund bellt.
Am unteren Ende des Fadens eine Perle befestigen.
Den Schwanz des Hundes mit einem Stück Spiralbindung befestigen, sodass er wackelt.

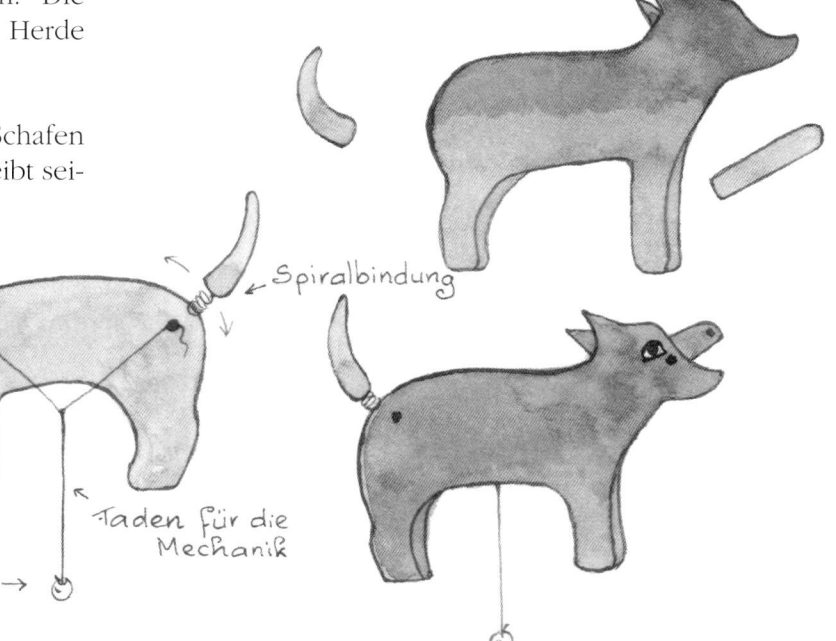

Schleichen und Schnurren – Katzen

Die Zahl der Hunde in Deutschland wird nur noch von Katzen übertroffen – fast 7 Millionen Samtpfötchen wetzen ihre Krallen in deutschen Wohnzimmern. Sie stammen von den nordafrikanischen Falbkatzen ab (mit späterer Einkreuzung der europäischen Wildkatzen), die in den riesigen, zentralen Kornspeichern der ägyptischen Pharaonen als Mäusejäger arbeiteten. Die Ägypter waren fasziniert von den geschmeidigen Räubern, sie wurden verehrt und es war bei schweren Strafen verboten, eine Katze zu töten. Von Ägypten und sehr wahrscheinlich auch Indien aus wurden die nützlichen Mäusevertilger überall da willkommen geheißen, wo es Getreide zu schützen galt. Katzen auf einem Bauernhof werden deshalb in der Regel auch nicht gefüttert – sie verdienen sich ihren Lebensunterhalt selber.

Hunde und Wölfe können im Rudel große Tiere wie Hirsche erlegen. Katzen jagen alleine und ihre feine Schnauze mit den nadelspitzen Zähnen verrät, dass sie sich auf kleine Tiere spezialisiert haben: Mäuse und andere kleine Nager. An die wehrhaften Ratten trauen sich aber nur die mutigsten Jäger heran. Auch Insekten oder Würmer werden von einigen Katzen nicht verschmäht. Leider vergreifen sich auch gut versorgte Sofa-Tiger immer wieder einmal an Vögeln.

Da die Jagd anstrengend ist und Katzen immer nur kleine Happen erbeuten, verschwenden sie zwischendrin keine Energie – Katzen schlafen bis zu 16 Stunden am Tag. Dafür suchen sie sich gerne einen warmen Platz in unseren Betten oder einen Platz, wo sie freie Aussicht auf ihr Revier haben. An Menschen schließen sich Katzen als eine Art Elternersatz an – hier kommen sie kuscheln, spielen und lassen sich mit Futter und Pflege verwöhnen – aber nur, wenn sie wollen. Katzen sind sehr unabhängig. Untereinander verständigen sie sich mit Lauten wie den schrillen Serenaden, die die Kater nachts für ihre Angebeteten vorführen, oder mit einer feinen Körpersprache: Der Schwanz wird aufgebauscht, um sich Gegnern gegenüber größer zu machen, Ohren drehen sich nach hinten, wenn ihnen etwas nicht gefällt.

Da Katzen praktisch als „Freie Mitarbeiter" bei den Menschen lebten, haben sie sich von ihren wilden Ahnen nur wenig entfernt.

Katzen

Katze bleibt Katze

Dschi-Yen hatte eine prachtvoll schöne Katze geschenkt bekommen und wollte dem Tier einen ganz besonderen Namen geben.
„Ich möchte sie „Tiger" nennen", sagte er zu seinen Freunden.
„Ein Tiger", meinte einer der Freunde, „ist zwar ein mächtiges Tier, aber doch nicht so gewaltig wie ein Drache. Nennen wir sie „Drache"!"
„Du hast Recht, der Drache ist mächtiger als der Tiger", sagte ein anderer, „doch ein Drache kann nicht bestehen ohne Wolken. Du solltest das Tier „Wolke" nennen!"
„Die Wolken können den Himmel bedecken", sagte ein Dritter, „aber ein Sturm vermag sie zu verjagen. Nenne sie „Sturm"!"
„Eine Mauer", sagte da der vierte, „ist stark genug, um auch dem ärgsten Sturm zu trotzen. Das Tier sollte „Mauer" heißen!"
„Nein!", rief ein anderer. „Zugegeben, eine Mauer ist stark. Ihr habt aber die Mäuse vergessen, die sie unterhöhlen und die sie zusammenbrechen lassen! Nein, Freund, du musst die Katze „Maus" nennen!"
Da musste Dschi-Yen lachen. „Die Maus", rief er, „wird doch von der Katze gefressen! Da kann ich ihr ja gleich den Namen „Katze" lassen!"

(Altchinesisches Märchen)

Die Katze ist da!

Katzen sind eigenwillige Tiere und Sie brauchen schon ein aufgeschlossenes und freundliches Exemplar, um es bei den Kindern einsetzen zu können.

Material: Stuhlkreis
Alter: ab 3 Jahren

Auch Katzen kennt jeder, trotzdem haben die Kinder sich mit Spielen und Aktionen auf ihren samtpfötigen Besuch eingestimmt und bestimmt das eine oder andere aufgeschnappt, das sie noch nicht wussten. Sie haben einen Stuhlkreis gebaut und erwarten ihren Gast ...

Eine Katze ist es meistens nicht gewohnt von hier nach da transportiert zu werden. Auch sie ist entspannter, wenn sie sich ein bisschen vor ihrem Auftritt ausruhen kann. Die Besitzerin oder der Besitzer stellt die Katze den Kindern vor: wie sie heißt und welcher Rasse sie angehört.
Die Erwachsenen zeigen den Kindern, wo die Katze gerne gestreichelt wird und gehen mit dem Katzentier auf dem Arm herum, damit alle es einmal vorsichtig anfassen können. Auch Katzen lassen sich lieber berühren, wenn sie zur Begrüßung an der Hand schnüffeln konnten. Mutig sein und die Hand nicht wegziehen!
Wie fühlt sich das Katzenfell an? Wie ein Hundefell? Rau oder weich?
Hält die Katze ihren Schwanz ruhig? Oder hat sie ihre Ohren nach hinten gedreht? Möchte sie vom Arm herunter? Die Kinder beobachten genau und sollen auch ihre Vermutungen äußern, warum die Katze sich so verhält oder aussieht.

Der Tierhalter oder die Spielleitung geht abschließend noch näher auf die Dinge ein, die Katzen zu Katzen machen und die die Kinder vielleicht noch nicht angesprochen haben:

- Katzen haben empfindliche Barthaare, mit denen sie ihre Umgebung ertasten können – praktisch für nächtliche Jäger!

- Die Ohren sind beweglich, um Geräuschen nachzuspüren.

- Der Schwanz ist lang und dient zum Balancieren auf schmalen Mauern und zum Ausbalancieren im Sprung oder Sturz. (Katzen landen ja bekanntlich immer auf den Füßen!) Außerdem teilt die Katze mit ihrem Schwanz mit, wie sie sich fühlt (s. auch „Hampelkatze", S. 53).

- Katzenfell ist besonders weich und seidig. Aber natürlich verwenden Katzen auch sehr viel Zeit auf ihre Fellpflege (s. „Katzenwäsche", S. 52).

- Die Zähne sind nadelspitz, um damit größere Insekten, Vögel und Mäuse gut fangen zu können.

- Katzen können ihre Krallen einziehen, wenn sie sie nicht zur Jagd benötigen, und können daher auch auf harten Böden auf Samtpfoten schleichen. Der Katzenhalter kann seine Katze vielleicht dazu bewegen, die Krallen etwas auszufahren, indem er den Finger unter ihre Pfoten legt.

- Die Augen haben schlitzförmige Pupillen, die die Katze bei hellem Licht eng zusammenziehen kann. Im Dunkeln dagegen öffnen sich die Pupillen, um möglichst viel Restlicht einzufangen (s. „Katzenaugen", S. 52).

Katzen

Armer schwarzer Kater mit echter Katze

Katzen sind Tiere, die gerne spielen, aber auch einen ausgeprägten Eigensinn haben. Sie sind ideal um zu vermitteln, dass man Tieren auch mal die Initiative überlassen muss, um Freundschaft zu schließen.
Wenn Katzen sich begrüßen, reiben sie ihre Köpfe aneinander. Dort sitzen Duftdrüsen, die sie dabei untersuchen. Dieses Verhalten ahmen Katzen nach, wenn sie um unsere Beine streichen.

Material: Stuhlkreis
Alter: ab 3 Jahren

Die Kinder sitzen im Stuhlkreis und die Katze, insofern sie sich wohl fühlt und mitmacht, darf frei durch den Raum wandern. Wenn die Katze auf ein Kind zuläuft, darf es sie leise anlocken oder seine Hand ausstrecken. (Wenn es alle gleichzeitig machen, wird die Katze eher das Weite suchen!) Wer ist der oder die Glückliche, die die Katze untersucht?

Fang die Maus

Katzen sind Lauerjäger, die geduldig warten, bis sich ihre Beute durch eine Bewegung verrät, und dann zuschlagen. Sie sind Meister im Anschleichen.

Material: Stäbe, Wollfäden, Stofffetzen, kleiner Ball
Alter: ab 3 Jahren (mit Variante)

Den Wollfaden an die Spitze des Stabes knüpfen und kleine Stofffetzen am Ende des Wollfadens festknoten.
Eines der Kinder bietet der Katze die „Beute" im Stuhlkreis (siehe oben) an, indem es den Stofffetzen über den Boden tanzen lässt. Auch ein zwischen den Kindern hin und her gerollten Ball kann von der Katze gejagt werden.
Dieses Spiel funktioniert nur, wenn sich die Katze im Gruppenraum wohl fühlt. Dafür müssen die Kinder Zurückhaltung üben. Eventuell spielen sie in Kleingruppen mit der Katze.

Variante: Wenn der Besuch der Katze vorbei ist, versuchen die Kinder selber einmal, den tanzenden Stofffetzen zu erwischen.

im Dunkeln

bei hellem Licht

Katzen

Der Spaziergang im Gruppenraum

Katzen streichen gerne durch die Nachbarschaft und beschnuppern die Reviermarkierungen, die andere Katzen hinterlassen haben. Sie kontrollieren Mauselöcher, springen einem Schmetterling nach und begegnen anderen Katzen. Fallen den Kindern noch Abenteuer ein?

Material: Papier, Stifte, Farben, Kleber, Collagematerial
Alter: ab 6 Jahren (mit Variante)

Auf dem Papier malen die Kinder Katzenspuren und legen die Papierseiten zu einem langen „Spaziergang" zusammen. Sie malen und kleben auf, was die Katze auf ihrem Spaziergang gemacht und gesehen bzw. gerochen hat.
Den Spaziergang rund um im Raum aufhängen.

Katzenaugen

Katzen jagen in der Dämmerung und in der Nacht. Sie können noch sehen, wenn für uns schon alles schwarz ist. Ihre empfindlichen Augen haben eine Pigmentschicht hinter der Netzhaut, die das einfallende Restlicht verstärkt. Sie ist auch daran Schuld, dass Katzenaugen nachts so unheimlich aufleuchten, wenn man sie mit dem Autoscheinwerfer oder der Fahrradleuchte anstrahlt. Auffällig ist auch die Pupille der Katzenaugen. Sie ist keine runde Öffnung wie beim Menschen, sondern ein senkrechter Schlitz. Sie kann sich extrem weit zusammen ziehen, um die empfindlichen Augen vor zu viel Sonne zu schützen. Sie zieht sich auch zusammen, wenn die Katze etwas missbilligt!

Material: Tonkarton, Stift, Schere, Hologrammfolie, Locher, Wolle, Taschenlampe
Alter: ab 3 Jahren (mit Variante)

Nach der Abbildung ein Katzengesicht auf den Tonkarton malen und ausschneiden. Aus der Hologrammfolie Katzenaugen ausschneiden und auf das Gesicht kleben. Das fertige Gesicht an den Ohren lochen und mit einem Wollfaden umhängen. Im Dunkeln mit der Taschenlampe ausprobieren, wie schön die Augen reflektieren.

Variante: Katzengesichter als Reflektoren an den Tornister hängen.

Katzenwäsche

Katzen haben feines, weiches Fell. Damit es sie auch schön warm hält, müssen sie es jeden Tag gründlich putzen. Dafür nehmen sie ihre raue Zunge. Katzen, die sich sehr mögen, lecken sich auch manchmal gegenseitig ab. Wenn wir eine Katze streicheln, empfindet sie das sehr ähnlich.

Katzen

Und wenn sie uns leckt, erweist sie uns ein großes Kompliment.

Material: Matten, evtl. Waschlappen
Alter: ab 4 Jahren (mit Variante)

Bei dieser Massage waschen sich die Kätzchen gegenseitig:
Eine Katze liegt rücklings auf einer Matte, die andere kniet daneben.
Die Spielleitung gibt Anweisungen:
„Zuerst waschen wir die Pfötchen.
  (Das kniende Kind streicht dem liegenden Kind mehrmals über die Hände.)
Nun sind die Arme an der Reihe.
  (Arme streicheln.)
Das gefällt dem Kätzchen und es reckt sich. ..."
  (Das liegende Kind räkelt sich auf der Matte.)
Die Geschichte geht weiter, bis alle Körperteile an der Reihe waren. Näschen nicht vergessen!
Dann tauschen die Kätzchen und das andere lässt sich verwöhnen.

Variante: Da Katzenzungen rau sind, benutzen die Kinder für die Massage einen trockenen Waschlappen (ohne Weichspüler gewaschen!).

Hampelkatze

Katzen verständigen sich mit Lauten und Körpersprache. Sie schlagen ihren Schwanz hin und her, wenn sie verärgert oder aufgeregt sind, sie sträuben das Fell auf ihrem Schwanz und ihrem Körper, um sich Gegnern gegenüber größer zu machen, sie schnurren, wenn es ihnen auf unserem Schoß gut geht. Wenn sie die Ohren nach hinten drehen, heißt es aufgepasst – keine Lust mehr auf Streicheln! Will eine Katze einen Gegner beeindrucken oder hat sich erschreckt, dann macht sie den berühmten Katzenbuckel.

Material: Tonkarton, Fäden, Musterklammern, Schere, Stifte, Wolle, Cents und Kleber, reflektierende Folie, Holzperlen
Alter: ab 5 Jahren

Die Einzelteile der Katze auf Tonpappe übertragen und ausschneiden. Die Tiere mit Schnurrhaaren aus Wollfäden verzieren und nach Belieben anmalen. Das Gegengewicht festkleben (siehe Abb.). Den Schwanz mit einer Musterklammer als Gelenk befestigen. Die Fäden für die Mechanik anbringen, sodass die Katze den Schwanz aufstellt. Am unteren Ende des Fadens eine Perle befestigen. Stücke von der reflektierenden Folie in die Augen der Katzen kleben (siehe auch *Katzenaugen*, S. 52).

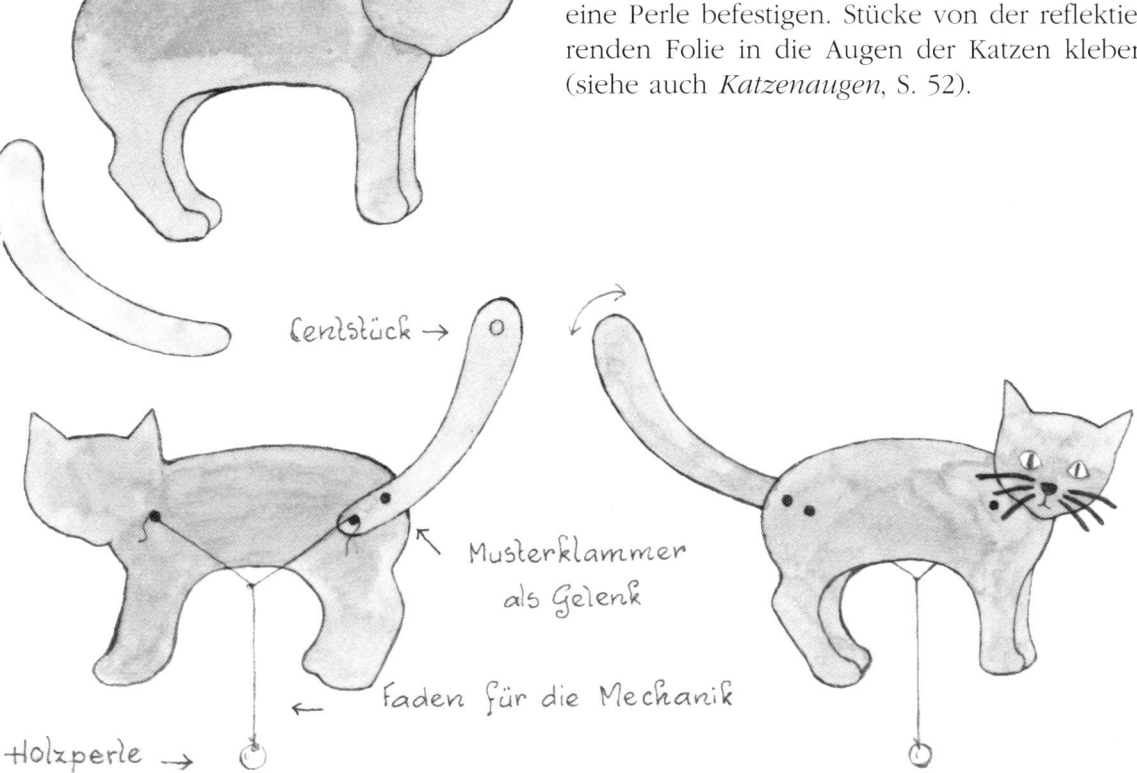

Katzen

Katzenmumie

Die Ägypter verehrten die Katzen so sehr, dass sie sie nach ihrem Tode sogar mumifizierten.

Material: Zeitungspapier, Kreppband, Gipsbinden, Wasserschalen, Farbe und farbiges Papier, Seiden- und Krepppapier, Pailletten, Perlen, Kleber
Alter: ab 5 Jahren

Das Zeitungspapier sehr fest zusammenknüllen und wie auf der Abbildung zu sehen mit Kreppband umwickeln und zu einer Katzenform zusammenkleben.

Die Gipsbinden in mehreren Lagen so um die Zeitungskatze wickeln (Ohren nicht vergessen!), dass eine Katzenmumie entsteht. Über Nacht trocknen lassen. Die Kinder malen ihre Katzenmumie an und verzieren sie mit „Edelsteinen" aus farbigem Seiden- und Krepppapier, Pailletten und Perlen ...

Die Welt der Kleinen

*Jeder dumme Junge
kann einen Käfer zertreten,
aber alle Professoren der Welt
können keinen herstellen.*

Arthur Schopenhauer

Um uns herum wimmelt es von Leben – weit unter unserer Größenordnung, aber dennoch zum Streicheln geeignet. Wer sich auf die Knie herablässt, dem eröffnet sich eine faszinierende Welt: Spinnen, Schnecken, Ameisen und Co geben eine Menge her zum Beobachten, und es ist nicht schwierig, sie zu finden. Diese wilden Tiere sind auf den ersten Blick wenig spektakulär, auf den zweiten Blick enthüllen sie dafür ihr abenteuerliches Leben, das sie jeden Tag unbemerkt von uns führen. Es sind Tiere mit Wiedererkennungswert, denen die Kinder außerhalb von Schule und Kindergarten dauernd begegnen werden.

Gerade ihre weite Verbreitung lässt schon ahnen, dass es ausgesprochen wichtige Tiere sind. Wo immer Laub und welke Pflanzen, Hölzer oder ganze Baumstämme anfallen, tun die kleinen Geister ihre Dienste, brechen das harte Pflanzenmaterial auf und führen die darin enthaltenen Nährstoffe wieder dem Boden zu. Ohne Asseln, Regenwürmer und all die anderen Heinzelmännchen gäbe es im Frühjahr kein neues Wachstum, bräche das ökologische Gleichgewicht zusammen. Doch wir profitieren noch auf viele andere Weisen von den Winzlingen: Sie fressen in jedem Sommer Unmengen von Schädlingen von unseren Nutzpflanzen, sorgen dafür, dass Kothaufen und tote Tiere nicht zu meterdicken Schichten auf dem Boden anwachsen, indem sie sie untergraben und fressen, und fangen so manche krankheitsübertragende Fliege und lästige Mücke aus der Luft. Ihr Schutz und ihr Wohlergehen sollte uns allen am Herzen liegen, denn wir sind auf sie angewiesen.

Kinder sollten die Gelegenheit haben, die kleinen Guten Geister kennen- und schätzen zu lernen, denn nur so erwächst auch ein Bedürfnis, Umwelt zu erhalten. Viele Aspekte eines solchen Kribbel-Krabbel-Lebens offenbaren sich aber nicht während einer kurzen Beobachtung im Wald oder im Garten. Viel besser gelingt es, wenn die Kinder hautnah am Leben der Tiere teilnehmen und auch die Verantwortung für ihre Haltung und Pflege übernehmen dürfen.

Auch aus praktischen Gesichtspunkten empfehlen sich für Tierbeobachtungen die hier vorgestellten Tiere. Käfer und Asseln können ohne großen Aufwand artgerecht gehalten werden. Sie sind häufig, sodass unter Umständen jede Kleingruppe oder sogar jedes Kind sein eigenes Tier hat. Mit Insekten und Schnecken gehen Sie keine langfristige Verpflichtung ein, denn Sie können sie nach Ablauf des Projekts wieder in die Natur entlassen.

Die Tiere der folgenden Kapitel sind weder niedlich noch süß. Eigentlich gehören sie für die meisten Menschen zu den „Ekeltieren" oder, schlimmer noch, sie machen Angst. Manche Kinder – und vielleicht auch einige Erwachsene? – werden sich weigern, die Tiere anzufassen und zu pflegen. Auf diese Ängste muss man Rücksicht nehmen, sie verschwinden nicht von heute auf morgen. Wissen kann die Angst abbauen und der häufige Umgang vermindert sie auch, besonders, wenn das Kind den Kontakt völlig unter Kontrolle hat und seine Angst nicht bloßgestellt wird. Das macht Projekte mit den „Ekeltieren" zu einer Chance. Vorurteile und Abneigungen werden erst gar nicht zementiert. Stattdessen werden die Kinder neugierig gemacht auf die ungezähmte Natur, die uns umgibt.

Ein paar Regeln im Umgang mit den Tieren sollten eingehalten werden. Die Tiere, die wir vorstellen, sind einfach zu verletzen. Aber auch wenn sie nur kleine Lebewesen sind, haben sie das Recht, ihren Aufenthalt in der Schule und dem Kindergarten zu überleben. Sie sollten als Gäste behandelt werden. Die Kinder brauchen dafür unter Umständen Anleitung – wie sie die Tiere vorsichtig anfassen, vielleicht mithilfe von Federpinzetten oder Becherlupen; wie sie sie vorsichtig hochheben, z.B. indem sie sie auf ein Blatt laufen lassen; dass die Großen die Kleinen auch einfach mal in Ruhe lassen müssen, wenn sie interessantes Verhalten zu sehen bekommen möchten. Nach dem Gastspiel setzen die Kinder die Tiere dort wieder aus, wo sie sie bei der Sammelaktion gefunden hat – sonst haben die Winzlinge keine Überlebenschance.

Wichtig ist auch, die richtigen Gäste zu sich einzuladen: Manche Tierarten stehen unter Naturschutz, wie zum Beispiel die rote Waldameise, die sich deshalb nicht für eine Ameisenfarm eignet. Meist jedoch werden die Kinder auf Tiere stoßen, die recht häufig vorkommen, wie die Wegschnecke oder die Assel. Bestimmungsbücher und/oder die Rote Liste (zu beziehen beim Bundesamt für Naturschutz) geben im Zweifel Aufschluss darüber, welche Tiere geschützt sind.

Die Projekte

Jedes der folgenden Kapitel stellt ein Tier oder eine Gruppe von Tieren vor, die sich zum Beobachten und Beherbergen besonders eignen. Die einzelnen Kapitel gliedern sich in mehrere Teile:

- Ein einführender Text beschreibt anschaulich das Leben und die Biologie der jeweiligen Winzlinge: Wo begegnen wir ihnen? Wie unterscheiden sie sich von anderen? Wie sieht ihr Lebenslauf aus? Was macht sie so interessant?
- Eine kurze begleitende Geschichte oder ein lustiges Gedicht – gut zum Vorlesen geeignet – macht die Kinder mit den kleinen Gesellen bekannt.
- Mithilfe des folgenden praktischen Teils erforschen die Kinder die Welt der Tiere vielseitig, naturgetreu und kreativ in mehreren Schritten: Am Anfang steht die Suche nach dem Tier – im Garten oder im Wald; je nach Tier müssen die Kinder vielleicht nicht einmal das Haus verlassen, um es zu finden! Nun geht es um das genaue Beobachten: Wie verhält sich das Tier in seiner natürlichen Umgebung? Womit ist es beschäftigt? Wenn es frisst – was mag es gerne? Manche Tiere verbergen sich, andere scheinen auf dem Präsentierteller zu liegen – haben die denn gar keine Angst, gefressen zu werden? Hat die Farbe etwas damit zu tun? Und wenn die Kinder das

Die Welt der Kleinen

Tier aufheben: Läuft es weg oder stellt es sich tot? Versteckt es sich? Oder kümmert es sich etwa gar nicht um die Belästigung? Die Kinder haben sicherlich genug eigene Fragen, aber zusätzlich gibt es für jede Forscher-Expedition weitere Anregungen und Experimente rund um das Tier.

- Zurück in Klassenzimmer oder Gruppenraum möchten die Kinder das Beobachtete sicher in Spielen oder Bildern vertiefen (wie genau Kinder beobachten, zeigt sich in den ausdrucksstarken Gemälden, die sie von den Winzlingen zeichnen). Außerdem können sie einen Teil des Gesehenen sofort umsetzen, indem sie für den zu erwartenden Gast Wohnung und Nahrung vorbereiten. Oder ist der Gast schon aus dem Wald mitgekommen? Dann aber schnell, damit er sich wohl fühlt!
- Nun haben die Kinder Gelegenheit zu sehr intimen Beobachtungen, für die die Zeit draußen meist zu kurz ist: Wie spinnt die Spinne ihr Netz? Hat die Assel Babys? Wie lange dauert es, bis ein Schmetterling schlüpft? Damit die Wartezeit nicht zu lang wird, bietet jedes Kapitel eine Auswahl von Basteleien, Spielen und Aktionen, mit denen die Kinder dem Leben ihres Gastes nachspüren können.

Noch ein Hinweis zum Schluss: Je nach Tages- und Jahreszeit, Gegend, Wetter und Glück bei der Suche werden die Kinder meist auf eine zufällige Auswahl der kleinen Kerle stoßen. Natürlich können mehrere Tierarten beherbergt und die begleitenden Spiele und Aktionen beliebig miteinander kombiniert werden.

Elefant und Ameise

Dieses Märchen erzählen sich die Einwohner Indonesiens. Es lehrt, dass niemand einen anderen Menschen beleidigen soll, weil er ihn für schwächer oder weniger wert hält. Denn wenn die Schwachen sich zusammen tun, übertrifft ihre Stärke selbst die der Allerstärksten bei weitem.

Eines Tages waren alle Ameisen aus den vier Windrichtungen auf einer Wiese zusammen gekommen, um ein großes Fest zu feiern – die Tochter des Ameisenkönigs heiratete.
Da kam zufällig der König der Elefanten dort vorbei. Als er die fröhlich lärmenden Ameisen erblickte, wollte er wissen, warum sie so einen schrecklichen Krach machten. Die Ameisen antworteten, dass sie das Hochzeitsfest ihrer Prinzessin feierten. Da machte sich der König der Elefanten lustig über den Ameisenkönig: Er nannte ihn grob ein winziges Tier niederer Herkunft, das sich aber aufspielen wolle, als herrsche es allein über die Welt. Er befahl den Ameisen, sofort auseinander zu gehen, sonst würde er sie zertreten.
Wütend hörte sich der Ameisenkönig diese Worte an. Sofort erklärte er dem König der Elefanten den Krieg, und dieser nahm höhnisch lachend die Herausforderung an.
Nun rief der Ameisenkönig alle Ameisen zusammen und befahl ihnen, unter der Wiese heimlich eine tiefe Grube auszuheben.
Am nächsten Tag zogen sowohl die Elefanten als auch die Ameisen zur Wiese. Der Kampfplatz war schwarz von Ameisen und der Urwald erzitterte unter dem Stampfen der Elefanten.
Der Ameisenkönig befahl den stärksten und giftigsten Ameisen, sich in der Grube zu verstecken und dort auf den Angriff der Elefanten zu warten. Der Rest der Ameisen stand am Rand der Grube und rief den Elefanten spöttisch Beleidigungen zu.
Wutentbrannt griffen alle Elefanten gleichzeitig an. Blindlings stürmten sie über die Wiese. Als sie an die Stelle gelangten, wo die Ameisen unter der Wiese die Grube gegraben hatten, stürzten sie in diese Falle hinein. Sogleich folgten ihnen die Ameisen und fielen über die Elefanten her. Sie krochen ihnen in die Ohren und in die Rüssel und bissen überall in die Haut, bis endlich alle Elefanten besiegt waren.

„Mit Speck fängt man Mäuse!" – Tierfallen

So unterschiedlich wie die Tiere sind auch die Wege sie aufzuspüren und einzusammeln. Hier einige grundlegende Möglichkeiten; spezielle Fangmethoden finden sich in den einzelnen Kapiteln.

Insektenfalle

Diese Insektenfalle eignet sich für Fluginsekten.

Material: Alufolie, Marmeladenglas, Schere, Stehlampe, evtl. Verlängerungsschnur
Alter: ab 5 Jahren

Aus mehreren Lagen Alufolie einen stabilen Trichter formen, dessen oberer Rand so groß ist, dass er um den Rand des Marmeladenglases umgeschlagen werden kann. In die Spitze des Trichters ein Loch von etwa 1,5 cm Durchmesser schneiden und den Trichter in das Glas hängen.
Das Glas mit Trichter an einem warmen Abend im Freien aufstellen und mit der Stehlampe von oben in den Trichter leuchten. Die durch das Licht angelockten Fluginsekten rutschen durch den Trichter in das Glas.

Bäumchen, schüttle dich

Hier tappen hauptsächlich Käfer und Wanzen in die Falle.

Material: weißes Bettlaken, mehrere große Bögen Zeitungspapier oder Schirm, Becherlupen oder Gläser
Alter: ab 3 Jahren

Das Bettlaken oder das Papier unter einem Busch oder Baum ausbreiten bzw. den aufgespannten Schirm verkehrt herum darunter halten und kräftig an den Pflanzen schütteln. Die Insekten, die dort leben, fallen herunter. Schnell mit Becherlupen oder Gläsern einfangen!

Ansaugfalle

Fliegende Insekten aller Art sind die Kandidaten für diese Falle!

Material: Glas mit breitem Korken, Bohrer, zwei Stücke eines Schlauches (ca. 10 und 30 cm lang; Durchmesser der Öffnung etwa 1–2 cm), kleines Mulltuch, Gummiband
Alter: ab 5 Jahren (mit Hilfe eines Erwachsenen)

In den Korken zwei Löcher von der Dicke der Schläuche bohren und die Schläuche hineinstecken. Die Öffnung des kurzen Schlauches auf der Korkenunterseite mit dem Mulltuch und dem Gummiband verschließen.
Den Korken mit Schläuchen auf das Glas setzen.

Die Falle funktioniert so:
Ein Kind hält das Glas in der einen Hand, führt das lange Schlauchende zu einem Insekt (das durch den Schlauch passt!) und saugt am kurzen Schlauch die Luft ein. Das Insekt wird durch den Luftstrom in das Glas gezogen, aber nicht in den kurzen Schlauch – das verhindert das Mulltuch.

Tierfalle

Diese Falle eignet sich für alles, was auf der Erde krabbelt.

Material: Schaufel, Marmeladenglas, vier Steine, eine kleine Holz- oder Sperrholzplatte, Köder (z. B. Käse, Fleischrest, ein Klecks Marmelade, Kekskrümel oder Obststücke)
Alter: ab 3 Jahren (mit Variante ab 5 Jahren)

Mit der Schaufel ein Erdloch in der Größe des Marmeladenglases ausheben und das Glas mit Köder hineinstellen. Wichtig ist, dass der Erdboden mit der Kante des Glases bündig abschließt! Vier Steine um das Glas herum auf die Erde legen und mit der Holzplatte abdecken. Die Platte verhindert, dass die Tiere, die in die Falle gehen, bei einem Regenschauer ertrinken, und spendet Schatten und etwas Schutz vor Raubtieren.
Am nächsten Morgen schauen die Kinder nach, ob sich Tiere im Glas befinden.

Variante ab 5 Jahren: Ältere Kinder variieren die Köder oder die Stelle, an der die Falle aufgestellt wird. Gehen dann andere Tiere in die Falle?

Die Welt der Kleinen

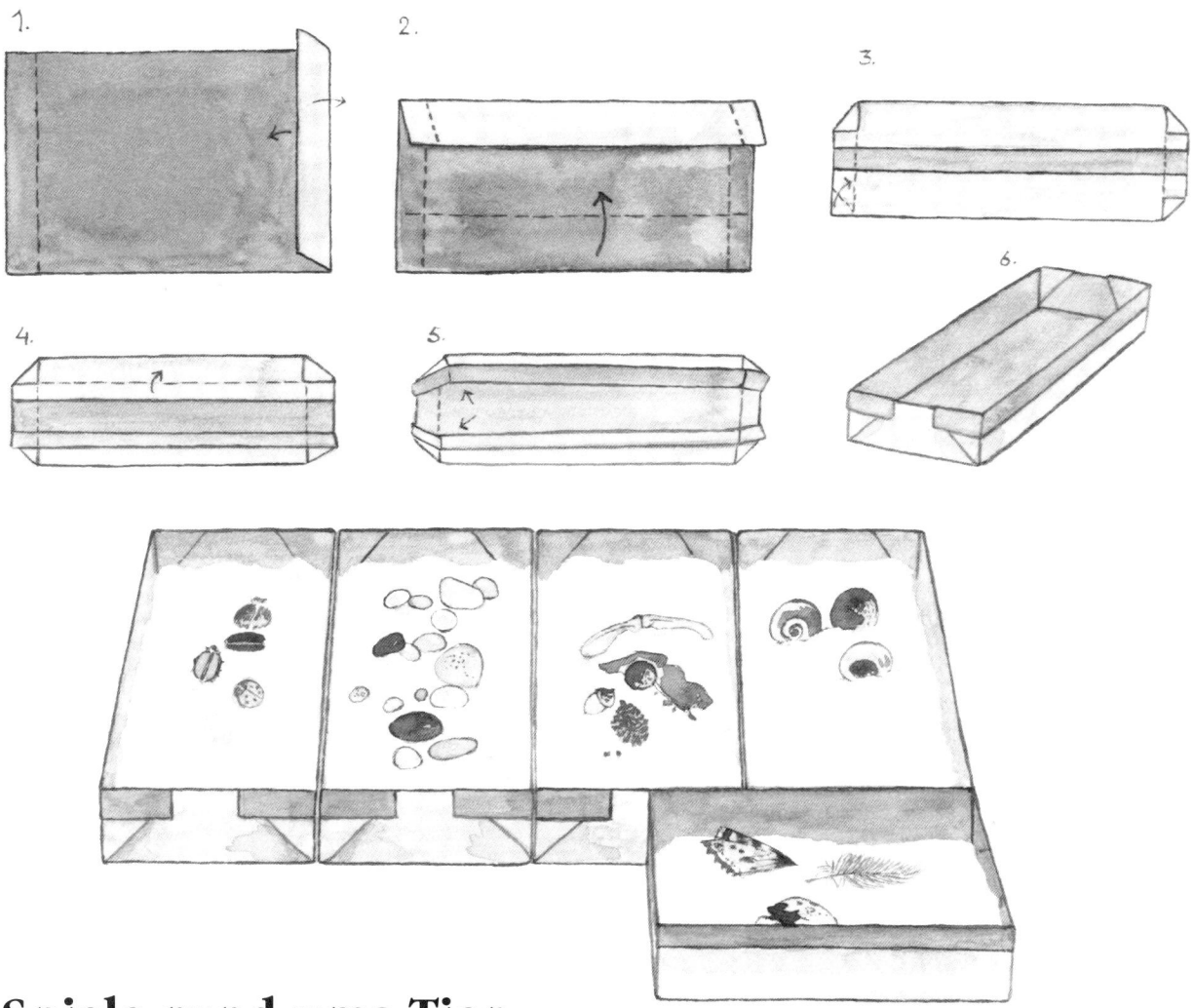

Spiele rund ums Tier

Die folgenden Spiele und Basteleien bilden einen Rahmen für Tierbeobachtungen generell und dienen der Vertiefung des Erlebten. Sie können zu jedem beliebigen Kapitel eingesetzt werden.

Naturmuseum

Kinder beobachten ihre Umwelt viel aufmerksamer als Erwachsene und finden deshalb oftmals schöne Objekte und kleine Raritäten. In einem eigenen Museum kommen diese Fundstücke besonders gut zur Geltung.

Material: Tonpapier in beliebigen Farben, Schere, Klebstoff, Watte
Alter: ab 5 Jahren

Nach der Abbildung aus dem Tonpapier kleine Schachteln falten und diese in beliebiger Anordnung an den Rändern aneinander kleben. Mit Watte auslegen.

Die Kinder füllen jede Schachtel mit Fundstücken einer Art: mit toten Käfern, glitzernden Steinen, Pflanzenfrüchten oder Samen, Schneckenhäusern oder Muschelschalen und allem anderen, was ihnen gefällt.

Tierverstecke

Jedes Tier hat einen Platz, an dem es sich besonders wohl fühlt: Raupen leben auf den Blättern ihrer Lieblingsnahrung, Schnecken mögen es feucht und dunkel, Regenwürmer bauen sich Gänge in der Erde. Damit die Kinder die Wohnorte dieser kleinen Wesen kennen lernen, entsteht über Wochen hinweg ein Tiergehege im Zimmer, bevölkert mit Kneteschnecken und bunten Filterpapier-Schmetterlingen ...

Material: 1–2 Tische, weiße Stoff- oder Tapetenbahnen, Fingerfarben oder Wasserfarben und Pinsel, beidseitig klebendes Klebeband, Styroporplatten und Kleister oder Sand und Erde sowie eine große Plastikfolie, Naturmaterialien wie Äste und belaubte Zweige, Tannenzapfen, große und kleine Steine, Laub, Kastanien, Moos, ein kleines Stück eines Baumstammes, Rindenstücke, evtl. kleine Blumentöpfe und Grassamen, außerdem gebastelte Tierfiguren (s. folgende Kapitel)

Alter: ab 3 Jahren (mit Hilfe eines Erwachsenen)

Die Kinder gestalten auf der Platte eines umgedrehten Tisches eine Naturlandschaft.

- Einen Tisch umdrehen und an einer Wand entweder auf den Boden oder auf einen anderen Tisch legen.
- Die Stoff- oder Tapetenbahnen so zuschneiden, dass sie zwischen die Tischbeine an den beiden Schmalseiten und an der Rückseite passen (Zugabe zum Festkleben an den Tischbeinen nicht vergessen!).
- Mit Finger- oder Wasserfarbe eine Landschaft aufmalen – vielleicht eine Wiese mit bunten Blumen oder Sträucher mit Beeren daran.
- Die fertigen Bahnen mit dem beidseitig klebenden Klebeband an den Tischbeinen befestigen.
- Bildet der umgedrehte Tisch mit seinem Rand ringsum eine Wanne, diese mit einer großen Plastikfolie auslegen und Sand und Erde einfüllen.
  Ist die Tischunterseite glatt, Styroporplatten auf dem Tisch auslegen. (Die Styroporteile können ruhig unterschiedliche Dicken haben, so entsteht eine hügelige Landschaft.) Styropor einkleistern und deckend mit Sand bestreuen. Trocknen lassen.
- Mit den Naturmaterialien eine Landschaft gestalten: Äste und belaubte Zweige als Bäume und Sträucher in den Untergrund stecken und den Boden mit Steinen, Laub, Moos und Rindenstücken dekorieren. Ein kleines Stück eines Baumstammes in die Landschaft legen. Evtl. kleine Blumentöpfe in der Erde vergraben oder Gras aussäen, aber nur mäßig gießen, damit nichts gammelt.

Die fertige Landschaft bleibt für mehrere Wochen stehen und kann in dieser Zeit nach Belieben mit frischen Blumen oder neuem Naturmaterial umgestaltet werden. Die Kinder suchen für ihre gebastelten Tiere jeweils die passende Wohnung in der Landschaft:
Schnecken, Asseln und Tausendfüßer lieben dunkle und feuchte Orte, Käfer und Raupen sitzen auf ihrer Lieblingsnahrung, Schmetterlinge flattern über den Blumen (evtl. mit einem Faden an einem Ast aufhängen), Regenwürmer gucken aus Löchern im Boden hervor, Spinnen spannen ihre Netze auf und die Ameisen laufen geschäftig auf einer Ameisenstraße entlang ...

Flatterhafte Wesen – Schmetterlinge und Nachtfalter

Raupe und Schmetterling

Eines Tages schwebte ein Schmetterling von unvergleichlicher Schönheit über einer Blume. Eine erbarmungswürdige Raupe kroch über die Erde, welche zu dieser Blume gehörte.
Der Schmetterling sagte zu der Blume: „Ist das da eine Raupe?"
Sie antwortete: „Ja!"
Da rief der Schmetterling: „Warum gehst du Schmutzige auf meinem Weg? Pfui! Ich aber, sieh, wie schön ich bin! Wahrlich, Gott hat uns nicht den selben Ursprung gegeben. Ich schwebe zum Himmel auf, du kennst nur die Erde!"
Da sprach die Raupe: „Schmetterling, gib' nicht so an. All deine Farben geben dir kein Recht, mich zu beleidigen. Wir haben einen Ursprung. Wenn du mich beschimpfst, beschimpfst du deine Mutter. Die Raupe stammt von dem Schmetterling, der Schmetterling von der Raupe!"

(Märchen aus dem Westsudan)

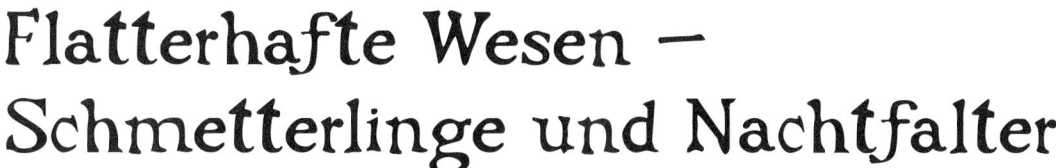

Schmetterlinge und Nachtfalter

Schmetterlinge sind wahre Verwandlungskünstler. Im Laufe ihres Lebens verändern sie ihr Aussehen, ihre Gestalt dreimal: vom Ei zur Larve, Raupe genannt, von dort zur Puppe und schließlich zum Falter. Vollständige Metamorphose heißt dieses Wunder der Verwandlung.

Ein Schmetterlingsweibchen legt seine Eier (je nach Art 50 bis 1.000 Stück) in den allermeisten Fällen direkt auf die Pflanze, die die Raupe als Nahrung benötigt. Die Eier sind meist gut getarnt und versteckt unter Blättern. Nach einigen Tagen oder Wochen schlüpfen die Raupen: walzenförmige Gesellen, deren Lebenszweck ausschließlich Fressen, Fressen und noch einmal Fressen ist. Die Raupen wachsen schubweise – immer dann, wenn ihnen ihre Haut zu eng wird und aufplatzt und durch eine neue, elastische Haut ersetzt wird. Solche Häutungen macht die Raupe 4–6 Mal durch. Dabei kann sie innerhalb von zwei Wochen das 20fache ihrer ursprünglichen Länge erreichen!

Diese fantastischen kleinen Fressmaschinen haben ihren Körper auf das Notwendigste reduziert – Beine, Verdauungsorgane und Fresswerkzeuge. Da die Mutter die Eier schon auf der Futterpflanze abgelegt hat, benötigen die Raupen keine ausgefeilten Sinnesorgane. Nur ihr Geschmackssinn ist hervorragend ausgebildet.

Schließlich – je nach Art nach wenigen Wochen oder auch nach bis zu zwei Jahren – zieht sich die Raupe an einen geschützten Platz zurück und verpuppt sich: Sie bekommt unter der letzten Raupenhaut, die daraufhin abplatzt, eine feste, starre Hülle, in der sich die Umwandlung zum Schmetterling vollzieht. Bei einigen Schmetterlingsarten, die sich im Sommer verpuppen, dauert die Metamorphose nur wenige Wochen oder sogar Tage. Raupen, die sich zum Herbst hin verpuppen, suchen Verstecke unter Rinde, in der Laubstreu, in Mauerritzen oder im Boden auf und bleiben dort den ganzen Winter über als Puppe. Einige Arten ruhen in einem gesponnenen Kokon (Seidenspinner), andere hängen frei an einem Spinnfaden von Zweigen oder Halmen herunter. Solche Puppen sehen Blättern zum Verwechseln ähnlich, damit sie Fressfeinden nicht zum Opfer fallen.

Schmetterlinge und Nachtfalter

Wenn die Umwandlung abgeschlossen ist, platzt die Puppenhülle auf und der fertige Schmetterling schält sich heraus. Das dauert nur etwa 20 Minuten. Zu Beginn sind seine Flügel noch weich und schlapp. Erst nach einigen Stunden sind sie voll entfaltet und steif durch das „Blut", das der Falter in die Flügel-Äderchen pumpt: Der Schmetterling flattert davon.

Der Nahrungsbedarf des Schmetterlings unterscheidet sich sehr von dem der Raupe. Die Raupe frisst Unmengen, um zu wachsen und um während der Puppenruhe Nahrungsreserven zu haben. Der Schmetterling hingegen lebt um sich fortzupflanzen. Manchen Arten gelingt das so schnell, dass sie als Falter überhaupt keine Nahrung mehr aufnehmen. Die allermeisten Schmetterlinge jedoch besitzen einen langen Saugrüssel, den sie wie eine Uhrfeder aufgerollt tragen und mit dem sie den Nektar aus Blüten trinken. Wie Bienen sorgen sie dabei gleichzeitig für die Bestäubung ihrer Futterpflanzen.

Genau wie die Raupen und Puppen können auch Falter an geschützten Stellen überwintern. Der Kleine Fuchs zum Beispiel sucht ab Oktober Unterschlupf in Gartenhäuschen, hohlen Bäumen und unter Dachkanten. Er erwacht von seinem Winterschlaf, wenn es im Frühjahr warm genug ist. Andere Falter unternehmen lange Wanderungen: Der bei uns heimische Admiral und der verwandte Distelfalter wandern alljährlich im Frühjahr aus Afrika oder Südeuropa ein. Ihre Nachkommen fliegen den langen Weg im Herbst wieder zurück, um im Warmen zu überwintern.

Bei manchen Faltern sehen die Männchen anders aus als die Weibchen. Aber Schmetterlinge suchen und erkennen ihre Partner eher selten anhand der Färbung. Ist das doch der Fall, kommt es zu verspielten Balzflügen, bei denen sich die Partner näher kommen. Doch sehr viel häufiger erkennen sich die Falter mithilfe von Duftstoffen, den Pheromonen. Bei den Tagfaltern lockt meist das Männchen das Weibchen an, bei den Nachtfaltern das Weibchen das Männchen. Männchen des Kleinen Nachtpfauenauges können paarungsbereite Weibchen über 10 km hinweg riechen. Haben sich zwei Partner gefunden, landen sie nebeneinander auf einer Pflanze, tauschen weitere Pheromone aus und berühren sich häufig mit den Fühlern. Eine Paarung dauert 20 Minuten bis zu mehreren Stunden. Während dieser Zeit verlassen die Falter ihren Platz nicht.

Es gibt heute ungefähr 150.000 bekannte Schmetterlingsarten. Sie bilden – nach den Käfern – die zweithäufigste Insektengruppe. Die nachtaktiven Arten heißen Motten oder Nachtfalter (im Gegensatz zu den Tagfaltern) – sie machen etwa 90 % aller Schmetterlingsarten aus. Alle Schmetterlinge und Motten durchlaufen die vollständige Metamorphose und haben beschuppte Vorder- und Hinterflügel, die bei vielen Arten zum Flug durch kleine Borsten miteinander gekoppelt werden können. Die kleinsten Arten haben eine Flügelspannweite von nur wenigen Millimetern, die in Südamerika lebende Rieseneule von bis zu 30 cm.

Vor allem Raupen sind beliebte Beute für andere Tiere, da sie ein pralles Bündel Nährstoffe darstellen. Parasitische Wespen, Spinnen, Wanzen, Käfer und Ameisen machen sich nur zu gerne über Raupen her. Die Raupen versuchen dem zu entgehen, indem sie sich in Verstecke einspinnen, besonders gut tarnen oder übel riechende Flüssigkeiten verspritzen. Auch Borsten schrecken manche Fressfeinde ab. Vögel und Fledermäuse fangen die Falter, die mithilfe ihres gaukelnden Fluges mit den raschen Richtungsänderungen und den Augenflecken auf ihren Flügeln, die die Angreifer verwirren sollen, zu entkommen versuchen. Manche Schmetterlinge weisen mit ihren giftig leuchtenden Farben daraufhin, dass sie gar nicht gut schmecken.

Schmetterlinge und Nachtfalter

Wie Gott die Schmetterlinge erschuf

Diese Geschichte erzählten sich die schwarzen Sklaven Nordamerikas.

Gott der Herr war gerade damit fertig geworden, die Welt zu erschaffen, und setzte sich in seinen großen Schaukelstuhl, um sich alles noch einmal in Ruhe anzuschauen.
„Keine schlechte Arbeit, wenn ich es auch selbst sage", murmelte er.
Er zündete sich eine Zigarre an und hatte ein gutes Gefühl. Da bemerkte er, dass die Erde recht kahl aussah. Es gab auf der ganzen Welt nichts außer Land, Bäumen und Wasser. Es gab sogar mehr Wasser als Land.
„Wie konnte das passieren?", sagte Gott. „Wollte ich nicht mehr Land als Wasser schaffen? Nun ja ..."
Er zuckte die Achseln und begann zu überlegen, was er wohl tun könne, damit die Erde hübscher aussähe. „Gebt mir mal die Heckenschere!", befahl er seinen Engeln und ein kleiner Engel kam angesprungen und drückte sie ihm in die Hand. Gott beugte sich aus seinem Stuhl vor und schnipselte an den Zweigen der Bäume herum. Was er abschnitt, fiel auf das Land und wurde zu Gras, Büschen und Blumen.
„Nicht schlecht", sagte Gott der Allmächtige und lehnte sich gemütlich zurück. „Das ist ganz gut geworden." Dann ging er ins Bett um sich auszuruhen, denn so eine ganze Welt zu erschaffen und an viele Dinge zu denken, die sich noch nie zuvor jemand ausgedacht hat, strengt ganz schön an.
Am nächsten Tag wurde Gott wach, weil er die Blumen flüstern hörte: „Es ist so einsam hier. Gott hat uns hierher gesetzt, damit wir dem Boden Gesellschaft leisten und damit alles schön aussieht, aber wir sind so allein."
Gott schüttelte unwillig den Kopf. „Meine Güte, kaum hat man ein Ding fertig, da muss man schon das nächste machen. Engel, gebt mir die kleine Schere!"
Rasch brachte ein Engel Gott die kleinste Schere, die er finden konnte. Gott beugte sich zur Welt herab und begann von allen Dingen ein kleines Stück abzuschneiden – vom Himmel, von der Erde, von den Bäumen, von den Tieren, von den Büschen und von den Blumen.
Gott war ziemlich wütend. Da war die Erde noch so gut wie neu, und schon fingen die Klagen an! Er war so wütend, dass er gar nicht darauf achtete, wo er schnitt. Schnipp, schnipp, schnipp ging das. Und dann kroch er sofort wieder ins Bett, damit er sich nicht auch noch Klagen über seine Schnippelei anhören musste.
Nun, als die Menschen aufschauten und all die kleinen Schnipsel sahen, die durch die Luft wirbelten, da nannten sie sie „Vorbeigeflatter". Es gab gelbes Vorbeigeflatter. Das waren die Stücke, die Gott von der Sonne abgeschnitten hatte. Es gab blaues Vorbeigeflatter, das stammte vom Himmel. Das weiße Vorbeigeflatter kam von den Sternen. Es gab Vorbeigeflatter in allen Farben und sogar in solchen Farben, für die die Menschen keinen Namen hatten.
Als wir Schwarzen aufsahen und diese Dinge vorbeitreiben sahen, hörten wir, wie die Weißen sie Vorbeigeflatter nannten. Da mussten wir lachen. Vorbeigeflatter! Wer sagt schon so was?
Wir erfanden einen anderen Namen. Er geht leichter über die Zunge. Er geht leichter ins Ohr.
Wir nannten sie Schmetterlinge.

Schmetterlinge und Nachtfalter

Flatterfalter-Exkursion

An Weg- und Ackerrändern, auf blühenden Wiesen sowie an Waldrändern und auf Lichtungen lassen sich die zarten Falter am besten beobachten.

Material: evtl. Fotoapparat, Metermaß
Alter: ab 4 Jahren

Eine gute Zeit für den Beginn einer sommerlichen Schmetterlingsexkursion ist der frühe Morgen. Dann sitzen die Falter meist noch ausgekühlt auf den Pflanzen und warten auf die wärmenden Strahlen der Sonne, und weil es ihnen zum Fliegen noch viel zu kalt ist, lassen sie sich gut beobachten (aber bitte nicht einfangen, damit die Flügel ganz bleiben):
Wie halten Schmetterlinge in Ruhestellung ihre Flügel? Sind ihre Körper behaart? Können die Kinder den Rüssel entdecken?
Sobald es wärmer wird, flattert der Falter auf der Suche nach Essen und einem Gefährten davon – vorsichtig hinterher!
Auf welchen Blüten oder Pflanzen lässt er sich nieder? Haben diese Blüten Gemeinsamkeiten wie die Farbe oder die Art? Welche Entfernung schafft ein Schmetterling mit seinem Gaukelflug in einer Minute oder in zehn Minuten? Fliegt er in eine bestimmte Richtung? Können die Kinder mithalten? Tschüss, Falter!

Viele Raupen sind geschützt

Natürlich darf man nicht einfach irgendwelche Raupen aus der Natur entnehmen – es könnte sich um eine gefährdete Art handeln. Von unseren ca. 1.450 einheimischen Arten sind 34 Arten ausgestorben, 530 gefährdet und 150 Arten stehen auf der Vorwarnliste. Das liegt vor allem daran, dass die Lebensräume der Schmetterlinge verschwinden. (Eine gute den Autorinnen bekannte Zusammenstellung zum Bestimmen von Schmetterlingen und ihren Raupen bietet Steinbachs Naturführer Schmetterlinge aus dem Mosaik Verlag.)

Eins der besten natürlichen Raupenhäuser sind Brennnesselbestände. Admiral oder Landkärtchen und viele andere Falter halten sich nur an dieser sonst so unbeliebten Pflanze auf. Brennnesselbestände deshalb unbedingt schützen und stehen lassen!

Schmetterlinge und Nachtfalter

Raupenhaus

Sehr häufig ist bei uns inzwischen der Große Kohlweißling. Früher eher selten hat er von den riesigen Monokulturen der modernen Landwirtschaft profitiert und wächst sich heute manchmal schon zur Plage aus. Zwei oder drei Raupen des Kohlweißlings sind demnach die besten Kandidaten für das Raupenhaus. Sie leben auf Kohlblättern und sind grünschwarz mit gelblichen Längsstreifen gefärbt.

Material: großer Behälter aus klarem Plastik (mit Deckel), Küchenkrepp, Sprühflasche mit Wasser, scharfe Klinge, ein Stück Gaze (etwas größer als der Deckel), Raupen mit Blättern und Zweigen ihrer Futterpflanze, Pinsel
Alter: ab 5 Jahren (mit Hilfe eines Erwachsenen)

Behälter mit Wasser gründlich reinigen, mit Küchenkrepp auslegen und etwas anfeuchten. Aus dem Deckel mit der Klinge das Mittelstück herausschneiden, sodass rundum nur ein dünner Rand stehen bleibt. Zum Verschließen die Gaze über den Behälter legen und den Deckelrand aufsetzen. Einen Platz ohne direkte Sonne für das Raupenhaus suchen.

Die Kinder sammeln Raupen und setzen sie mitsamt der Futterpflanze in den Behälter. Da manche Raupen fiese Borsten haben oder sich mit stinkenden Flüssigkeiten wehren, die Tiere vorsichtig mithilfe des Pinsels transportieren. Darauf achten, dass der Raupe in ihrem Raupenhaus kahle Zweige zur Verfügung stehen, an denen sie sich als Puppe festheften kann.

Während der ganzen Zeit täglich darauf achten, dass den Raupen das Futter nicht ausgeht. Nicht übermäßig feucht halten, da die Raupen ihren Flüssigkeitsbedarf durch die Nahrung decken. Wer einen großen, hohen Behälter als Raupenhaus benutzt, kann die Futterpflanzen in ein Glas mit Wasser stellen, so halten sie sich länger. In diesem Fall sollte der Wasserspiegel mit Watte bedeckt sein, damit die Raupen nicht zufällig ertrinken. Außerdem sollten Zweige vom Boden zur Futterpflanze ragen, damit die Tiere vom Boden aus wieder hochklettern können, wenn sie einmal herunterfallen sollten.

Beim Kohlweißling dauert es 4–10 Tage, bis aus Eiern die Raupen schlüpfen, 3–4 Wochen bis zur Entwicklung der Puppe und noch einmal etwa zwei Wochen, bis sich der Schmetterling aus der Puppe herausschält. Dann können die Kinder sie noch kurz betrachten, um herauszufinden, ob es sich um ein Weibchen (mit zwei schwarzen Flecken am Vorderflügel) oder um ein Männchen (ohne Flecken) handelt. Danach sollten die Kinder die Tiere aber in die Freiheit entlassen.

Schmetterlinge und Nachtfalter

Nachtfalter anlocken

Nacht- und Tagfalter lassen sich im Allgemeinen anhand einiger Merkmale gut unterscheiden: Tagfalter besitzen meist leuchtendere Farben und keulige Fühler und falten ihre Flügel in Ruhestellung hochgeklappt auf dem Rücken. Nachtfalter legen die Flügel hingegen dachförmig an und haben fedrige oder gerade Fühler. Doch gibt es immer Ausnahmen von diesen Regeln!

Material: Wäscheleine, weißes Bettlaken, Wäscheklammern, starke Lampe oder Zuckerrübensirup und Pinsel
Alter: ab 3 Jahren (mit Hilfe eines Erwachsenen)

An einem windstillen, warmen Abend zwischen zwei Bäumen im Garten oder in einem Park die Schnur spannen. Das Bettlaken mithilfe der Wäscheklammern daran befestigen und mit der Lampe anleuchten. Oder einen Baumstamm mit Zuckerrübensirup bestreichen.
Nach einer Weile werden sich die ersten Motten einstellen (und wahrscheinlich auch noch Schnaken, Mücken und viele andere Gäste ...).

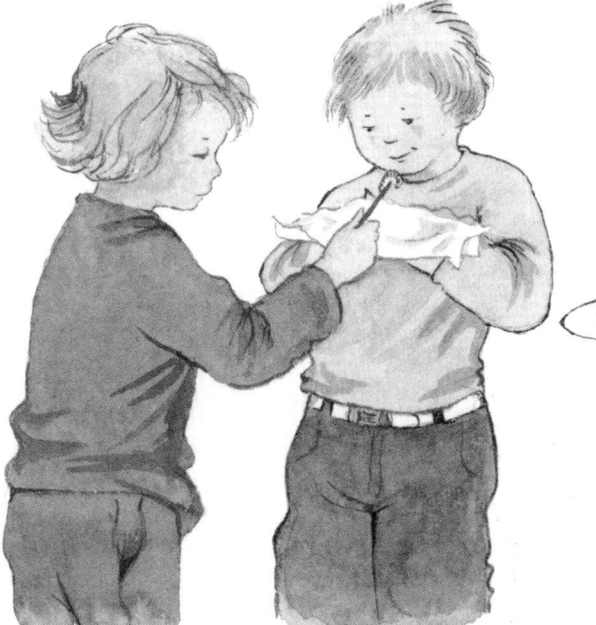

Regenbogen-Schmetterling

Die Flügel der Schmetterlinge sind einzigartig in der Tierwelt: Sie sind mit vielen tausenden von winzigen bunten Schuppen bedeckt, die sich überlappen wie die Dachziegel eines Hauses. Berührung beschädigt die herrlichen Flügel – Schmetterlinge sollten deshalb nur betrachtet und nicht eingefangen werden! Selbst mit einem Käscher können ungeübte Schmetterlingsjäger die hübschen Falter leicht verletzen.
Dieser wunderschöne zarte Falter passt in das Tierversteck von Seite 62.

Material: weiße Kaffeefiltertüten, Schere, wasserlösliche Filzstifte, Schale mit Wasser, Leine und Wäscheklammern
Alter: ab 3 Jahren (mit Hilfe eines Erwachsenen)

Die Kinder schneiden aus dem Kaffeefilter einen Schmetterling zu. Der untere Rand des Filterpapiers bildet dabei den Körper des Falters (s. Abb.), die Flügel sind frei beweglich.
Die Kinder setzen Filzstiftstreifen und -kreise auf den Schmetterlingskörper und evtl. auch an einige Stellen der Flügel und lassen den Rest weiß. Sie tauchen den Schmetterlingskörper mit dem Rand in das Wasser, bis die Flügel fast vollkommen durchnässt sind, und hängen den Falter – mit den Flügeln nach unten – zum Trocknen auf. Die Farbe zieht sich in wunderschönen Schlieren mit dem Wasserverlauf durch die Flügel.

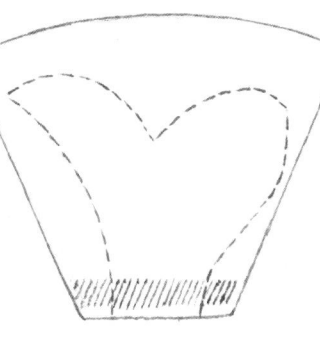

Schmetterlinge und Nachtfalter

Das Leben des Schmetterlings

Material: 2 bunte Tücher für jedes Kind, große Decken oder Bettlaken
Alter: ab 3 Jahren

Jedes Kind bekommt zwei Tücher und knüllt je eines in jeder Hand zusammen und hält es einstweilen so fest.
Die Spielleitung trägt die folgende (oder eine ähnliche, an die Bedürfnisse der Gruppe angepasste) Geschichte vor. Die Kinder begleiten den Text pantomimisch.

Es ist ein warmer Sonnentag. An den Blättern einer Blume kleben viele kleine Eier.
(Kinder hocken sich auf den Boden und machen sich klein.)
Da wackeln plötzlich die Eier hin und her.
(Kinder wackeln auf der Stelle.)
Die Oberseite bricht auf und heraus kommen viele kleine Raupen. Die kriechen sofort los, um die Gegend zu erkunden.
(Jedes Kind kriecht auf Raupenart für sich alleine über den Boden oder alle Kinder bilden stehend zusammen eine Raupe.)
Jede Raupe frisst, was ihr in den Weg kommt, und wächst und wächst und wächst.
(Kinder machen sich lang.)
Plötzlich krümmt sich die Raupe zusammen, wird ganz steif und starr und bewegt sich nicht mehr. Sie hört nichts mehr und sieht nichts mehr – alles ist dunkel und ruhig um sie herum.
(Spielleitung legt die Decke über die eine große Raupe bzw. kleine Raupen decken sich selber zu.)
So liegt die Raupe lange da. Doch auf einmal hat sie Lust sich zu bewegen. Sie reckt und streckt sich. Die starre Hülle bricht auf, das Sonnenlicht scheint herein.
(Kinder kommen langsam unter der Decke hervor.)
Da ist aus der Raupe ein wunderschöner Schmetterling geworden. Er breitet seine Flügel aus und fliegt davon.
(Kinder fassen die Tücher in ihrer Hand an einem Zipfel und flattern kreuz und quer durch den Raum.)

Schmetterlinge und Nachtfalter

Raupen-Marionette

Material: alte Strumpfhose, Wolle oder Watte, Garn und Schere, Nadel und Faden, zwei Knöpfe, zwei Stäbe oder Stöcke
Alter: ab 4 Jahren

Ein Strumpfhosenbein unterhalb des Schrittes abschneiden und mit Wolle oder Watte ausstopfen. Mit Garn in gleichmäßigen Abständen leicht abbinden.
Knöpfe als Augen annähen.
Kopf und vorletztes Körperglied mit Fäden an jeweils einem Stab befestigen – und schon lugt die Raupe über den Tischrand, um zu sehen, ob es etwas zu naschen gibt ...

Schmetterling mit Puppe

Material: Krepppapier und Pfeifenreiniger in bunten Farben, Schere, Tablettenröhrchen, Fingerfarben oder Plakafarbe und Pinsel
Alter: ab 5 Jahren (Schmetterlinge ab 3 Jahren) (mit Variante)

Aus dem Krepppapier längliche Streifen schneiden. Je einen Streifen der Länge nach zusammenraffen (s. Abb.), einen Pfeifenreiniger um die Mitte legen, ein- oder zweimal verdrillen und die freien Enden zu Fühlern biegen.
Das Tablettenröhrchen mit Fingerfarbe oder Plakafarbe in Grün- oder Brauntönen bemalen; trocknen lassen.

Die Kinder schieben den Schmetterling in das Röhrchen und lassen ihn nach Lust und Laune schlüpfen!

Variante: Zwei Streifen Krepppapier in unterschiedlichen Farben als Vorder- und Hinterflügel zusammenraffen.

Kribbel-Krabbel – Käfer!

Käfer sind die Panzerwagen des Insektenreiches: Sie zeichnen sich durch ein besonders hartes Außenskelett aus, das sie bei der Jagd und auch vor dem Gefressenwerden schützt. Da Käfer wie alle Wirbellosen kein inneres Skelett aus Knochen besitzen, hält dieser Panzer den Käfer auch zusammen – alle Muskeln und alle inneren Organe sind daran befestigt. Das Außenskelett kann aber nicht wachsen – kleine Käfer bleiben klein.

Als Insekten zeigen Käfer die typische Gliederung in Kopf, Brust und Hinterteil. Die sechs Beine sitzen an der Brust, ebenso wie die Flügel. Käfer schützen ihre Flügel durch harte Flügeldecken, die beim Fliegen meist seitlich abgespreizt und leicht schräg nach oben gestellt werden. Beim Marienkäfer lässt sich das sehr gut beobachten!

Flügeldecken und Außenskelett sind bei vielen Käferarten sehr schön. Die bunt glänzenden Farben sind häufig eine Warnung: Der Marienkäfer zum Beispiel zeigt durch seine rote oder gelbe Farbe: Achtung, ich schmecke scheußlich! Kein vernünftiger Vogel probiert zweimal einen solch giftig gefärbten – und wirklich ekligen – Happen! Gedecktere Farben dienen der Tarnung; vor allem Blattkäfer sind im grünen Laub kaum zu entdecken. Tropische Prachtkäfer sind wegen ihrer wunderschönen Panzer sogar heiß begehrte Sammlerobjekte: Ein seltenes Exemplar kann etliche Tausend Dollar kosten.

Alle Käfer machen wie die Schmetterlinge eine vollständige Metamorphose durch. Bei manchen Käfern geht das so schnell, dass in einem Jahr mehrere Generationen geboren werden. Andere Käfer brauchen länger: Der Maikäfer braucht vom Ei bis zum Erwachsenen drei, in kälteren Gegenden sogar vier Jahre und der Hirschkäfer lässt sich sogar bis zu acht Jahre Zeit.

Die Käfer sind die weltweit artenreichste Insektengruppe. Bislang sind ca. 350.000 verschiedene Käfer bekannt; vor allem in den Regenwäldern der Erde gibt es aber sicherlich noch etliche bislang unentdeckte Arten. In Deutschland waren mehr als 6.500 verschiedene Käferarten nachgewiesen; davon ist jedoch fast die Hälfte inzwischen ausgestorben, verschollen oder gefährdet!

Der Glühwurm

In einem großen Sumpf stand einmal eine Lotuspflanze und in ihrer Blüte saß ein kleines, unscheinbares Wurmmädchen. Als das Wurmmädchen groß war, strahlte eines Abends ihr Körper in wunderbarem Licht und sie sah so schön aus, dass alle anderen Insekten sie umschwärmten und heiraten wollten.
Jeden Abend kamen die Insekten und umschwärmten den Glühwurm. Da wurde dieser ärgerlich, trat aus seiner Lotusblüte heraus und rief: „Mir gefällt keiner von euch! Lasst mich in Ruhe! Ich nehme nur den zum Mann, der mir ein Licht bringt, genauso wie ich es selber habe!"
Wie rasch flogen alle Insekten davon, um Licht zu holen! Sie stürzten sich tapfer und ohne sich zu besinnen in jede Lampe, jede Kerze. Aber kein einziger Lichtstrahl blieb davon an ihren Flügeln hängen, sondern sie kamen in der Hitze des Feuers um.
Der Glühwurm lag nun wieder allein in seiner Lotusblume. Da kam plötzlich ein Leuchtkäfer des Wegs und er glänzte genauso hell wie der Glühwurm. Als sie einander sahen, waren sie so glücklich, dass sie sofort beschlossen zu heiraten. Die armen Insekten aber, die der Glühwurm fortgeschickt hatte, drängen noch heute vergeblich ums Licht. Sie verbrennen sich dabei die Flügel und Füße oder den ganzen Leib und müssen traurig sterben.

(Japanisches Märchen)

Käfer-Suche

Auch wenn Käfer die artenreichste Tierart der Erde sind, so können sie doch verflixt schwer zu finden sein!

Material: Becherlupen, evtl. Bestimmungsbuch, kleine Süßigkeiten in grünem, braunem und rotem Papier
Alter: ab 5 Jahren

Wer Käfer finden will, muss einfach sehr genau hingucken. Ein Wald- oder Wiesenrain kann auf wenigen Metern so viele Käfer beherbergen, dass die kleinen Forscher einen ganzen Vormittag beschäftigt sind. Allerdings müssen sie wirklich jedes Blatt umdrehen und jeden Zentimeter Boden genauestens erkunden – eine echte Detektivarbeit! (Eine weniger Zeit raubende Sammelmethode ist „Bäumchen, schüttle dich" auf S. 59.)

Spannender wird die Suche, wenn die Spielleitung in grünes, braunes und rotes Papier eingewickelte Süßigkeiten in der Vegetation entlang des Weges versteckt. Welche Süßigkeiten finden die Kinder sehr schnell? Welche sind nur ganz schlecht zu entdecken? Was hat die Farbe damit zu tun?

Bei der Suche nach den Süßigkeiten-Käfern landen sicher auch die ersten lebenden Käfer in den Becherlupen. Jetzt gilt es genau hinzugucken:

Sind die harten Flügeldecken gut zu sehen? Welche Farbe haben sie? Gleicht die Farbe dem Untergrund, auf dem der Käfer saß? Ganz besonders lohnt die Betrachtung der Fühler: Sind sie lang oder kurz, dick oder dünn, ähneln sie Keulen oder Perlenschnüren? Und wie fühlt sich der Käfer in der Gefangenschaft? Stellt er sich tot oder wehrt er sich vielleicht, indem er Saft verspritzt?

Bestimmt finden die angehenden „Käferologen" bei jedem Tier etwas Besonderes und vielleicht möchten sie jedem Käfer einen selbst gewählten passenden Namen verleihen ...

Glühwürmchen fangen

Glühwürmchen sind gar keine Würmer, sondern Käfer. Ihr Hinterteil leuchtet grünlich, um Partner für die Paarung auf sich aufmerksam zu machen. In lauen Juninächten, rund um Johannis herum, sind sie gut zu beobachten. Die Glühwürmchen-Männer fliegen dabei in der Luft herum, die Weibchen sitzen am Boden und leuchten von dort. Auf sie bezieht sich der Name Glüh"würmchen", denn sie haben keine Flügel.

Material: je Kind und Spielleitung eine Taschenlampe, ein Streifen grünes Transparentpapier, Schere, Klebestreifen, weiße Wand
Alter: ab 3 Jahren (mit Variante)

Die Spielleitung schneidet einen Kreis aus dem Transparentpapier, der die Öffnung der Taschenlampe vollständig abdeckt, und klebt ihn dort fest. Diese Taschenlampe wirft nun einen grünen Punkt auf die Wand: das Glühwürmchen.

Im verdunkelten Raum lässt die Spielleitung ihr Glühwürmchen über die Wand huschen. Die Kinder versuchen, mit den Lichtpunkten ihrer eigenen Taschenlampen das Glühwürmchen zu fangen. Wem gelingt es als Erstes?

Variante: Die Kinder bewaffnen sich mit Marmeladengläsern und versuchen, echte Glühwürmchen zu fangen.

Käfer

Glühwürmchenfangen im Freien

Für dieses Spiel ist unbedingt ein umgrenztes Gelände notwendig (oder sehr viele Aufsichtspersonen), damit im Dunkeln kein Kind abhanden kommt!

Material: Klebestreifen aus reflektierendem Material, Taschenlampen für die Hälfte der Kinder
Alter: ab 5 Jahren

Die Kinder teilen sich in zwei gleich große Gruppen: die Glühwürmchen und die Fänger. Die Glühwürmchen erhalten Streifen des reflektierenden Materials, die sie sich vorne und hinten auf die Kleidung kleben. Die Fänger bekommen die Taschenlampen.

Wenn es draußen dunkel ist, verstecken sich die Glühwürmchen. Die Fänger schwärmen aus und leuchten alles an, bis plötzlich ein Würmchen aufglüht.

Jetzt beginnt das Fangenspiel: Das Glühwürmchen rennt los und der Fänger, der es angeleuchtet hatte, hinterher. Vorsicht, Fänger: Wenn das Glühwürmchen entkommt und sich erneut verstecken kann, muss er mit der Suche von vorn beginnen.

Sind alle Glühwürmchen gefangen, tauschen sie mit den Fängern die Rollen.

Der Marienkäfer

Marienkäfer werden etwa ein Jahr alt. Die Eier werden im Frühjahr abgelegt; aus ihnen schlüpfen dunkelgraue Larven mit orangen Punkten: wie Monster vom anderen Stern sehen sie aus! Wenn die Larve bereit ist für die Metamorphose, heftet sie sich mit dem Hinterteil an eine Pflanze. In den ersten Juni-Wochen schlüpfen dann die erwachsenen Tiere und fressen sich durch den Sommer. Sie legen Fettreserven für den Winter an, den sie in einer Kältestarre überdauern.

Marienkäfer sind gern gesehene Gäste in allen Gärten, da sie sich als Käfer und als Larve von Blattläusen ernähren. Bis zu 150 Stück soll angeblich so ein Miniraubtier am Tag verspeisen!

Käfer

Ein Heim für Mariechen

Marienkäfer tragen übrigens ihren Namen, weil sie als das Lieblingstier der Muttergottes gelten. In alten französischen Erzählungen begleitet der Winzling die Kinder ins Paradies.

Material: großes Gurkenglas mit Deckel, Milchdosenpiekser, flache Plastikdose mit Deckel, spitze Schere oder Bohrer, sauberer Baumwolldocht, Wasser, Zucker, Marienkäfer und Teile der Pflanze, auf der er gefunden wurde
Alter: ab 5 Jahren

Das Gurkenglas mit Wasser säubern. Mit dem Piekser Löcher von innen nach außen durch den Deckel stoßen. Aus der Plastikdose wie beim *Heim für Hundertfüßer* (S. 115) eine Tränke herstellen. Tränke mit einem Zucker-Wasser-Gemisch (etwa 1 TL Zucker auf ½ Tasse Wasser) füllen.
Die Kinder schwärmen auf die Suche nach Marienkäfern oder ihren Larven aus. Gärten und Wiesen sind gute Marienkäferplätze. Sie fangen die Käfer am besten mithilfe einer Becherlupe ein, da sie gewandte Flieger sind, die vom Finger aus sofort durchstarten können!
Das Glas dekorieren die Kinder mit den Pflanzen, auf denen der Käfer oder die Larve gefunden wurde, und setzen Mariechen in das Glas. Täglich mit einigen frischen Blattläusen füttern.

Hinweis: Marienkäfer werden dringend von den Pflanzen draußen benötigt, die sonst den Blattläusen gnadenlos ausgeliefert sind. Deshalb unbedingt nach kurzer Zeit wieder frei lassen!

Marienkäfer aus Pappe

„Ein Baby-Käfer!" ertönen entzückte Schreie, wenn ein Kind einen Marienkäfer mit nur zwei Punkten findet. Leider hat die Anzahl der lustigen Punkte aber gar nichts mit dem Alter des Käfers zu tun – jede Marienkäfer-Art trägt eine ganz bestimmt Menge Punkte auf dem Rücken. Ein Marienkäfer mit zwei Punkten ist eben ein „Zwei-Punkt-Marienkäfer" und einer mit sieben ein „Sieben-Punkt".

Material: rote und schwarze (Well-)Pappe, Schere, Klebstoff
Alter: ab 3 Jahren

Runde oder ovale Formen aus der roten Pappe und dünne Streifen aus der schwarzen Pappe ausschneiden. Die Streifen als Beine unter den roten Käferkörper und schwarze Schnipsel als Punkte auf ihn kleben. Eifrige BastlerInnen kleben sicher einen „Dreiundzwanzig-Punkt"!
Die fertigen Käfer in die Tierlandschaft (S. 62) setzen oder mit einem Klebestreifen ans Fenster oder an die Wand hängen.

Käferbilder

Material: Papier und Farben, außerdem rote Kerze, schwarzer Filzstift und Streichhölzer oder Stempelkissen (in beliebiger Farbe) und dünner schwarzer Stift
Alter: ab 3 Jahren (mit Hilfe eines Erwachsenen)

Eine bunte Wiese auf das Papier malen. Nun kommen die Käfer: Entweder rote Wachstropfen auf das Papier fallen lassen und mit dem Filzstift Punkte und Beine dazu malen oder mithilfe des Stempelkissens Daumenabdrücke auf das Bild setzen und diese mit Beinchen, Fühlern oder lustigen Gesichtern dekorieren.

Käfer

Mehlwurm-Zucht

Mehlwürmer sind anspruchslos, leicht zu bekommen und zu halten und sie beißen nicht – nur entkommen sollten sie nicht aus ihrem Glas, denn sie sind Vorratsschädlinge! Wer seine Mehlwurm-Zucht abbrechen will, kann sie an andere Tiere verfüttern, z. B. an Ratten, Mäuse oder Hamster oder an Vögel.

Material: großes Gurkenglas, ein Stück Baumwollstoff, Gummiband, Haferflocken, Müsli, Cornflakes o. Ä., Eierkarton, Mehlwürmer (aus dem Anglerbedarf oder Tierladen)
Alter: ab 4 Jahren

Das Glas mit Wasser säubern, trocknen und zur Hälfte mit Haferflocken oder anderem Futter füllen.
Je nach Größe des Glases etwa 30 Mehlwürmer einsetzen und ein Stück von einem Eierkarton in das Glas stellen, daran können sie dann herum krabbeln und man kann sie gut absammeln.
Das Tuch mit dem Gummi über die Glasöffnung spannen, damit die Würmer nicht verduften können!

In all dem trockenen Zeug brauchen die Tiere auch Wasser zum Wachsen, deshalb ein oder zwei Apfel- oder Kartoffelscheiben auf das Futter legen und alle drei Tage auswechseln. Wie immer gilt: Direktes Sonnenlicht vermeiden!

Die Mehlwürmer leben in ihrem Futter und es sollte nur ersetzt werden, wenn es aufgebraucht, zu pulvrig oder gammlig geworden ist – mindestens aber einmal im Monat. Bei diesen Gelegenheiten und auch sonst nach Lust und Laune schauen die Kinder nach, was die kleinen Kerle da eigentlich treiben: Haben sich schon die ersten Würmer verpuppt? Wer findet die ersten Eier? Wann krabbelt der erste Käfer durch das Glas? Solche Feiertage vielleicht auf einem Kalender markieren oder ein richtiges Würmer-Tagebuch mit Aufzeichnungen und Bildern der Kinder führen.
Im Notfall lässt sich übrigens die ganze Käferzucht im wahrsten Sinne des Wortes für einige Wochen auf Eis legen: Tiere zusammen mit Papierschnipseln in einen Stoffbeutel füllen, fest verschließen und im Kühlschrank aufbewahren. Dort halten es die Tiere ohne weitere Pflege für einige Wochen aus.

Mehlwürmer – Leben im Schnelldurchgang

Mehlwürmer gewähren einen fantastischen Einblick in die verschiedenen Stadien der Metamorphose, die Umwandlung vom Ei zur Larve zur Puppe zum Käfer. Die Larve schlüpft nach nur 14 Tagen aus den Eiern und wächst abhängig vom Nahrungsangebot und der Temperatur. Unter guten Bedingungen verpuppt sie sich sehr schnell und schon nach 2–3 Wochen schlüpft der Käfer, der wiederum nach erstaunlichen 7–10 Tagen wieder Eier legt!

Käfer

Käfergerangel

Nicht nur unter Hirschen, sondern auch bei den Käfern kämpfen manche Männchen um das Recht, sich mit einem Weibchen paaren zu dürfen. Nashornkäfer zum Beispiel versuchen sich mit den langen Hörnern gegenseitig auszuhebeln und auf den Rücken zu drehen.

Material: Straßenkreide oder Spielteppich
Alter: ab 4 Jahren

Zwei etwa gleich starke Kinder treten gegeneinander an und lassen sich innerhalb einer Markierung oder auf einem Teppich auf Hände und Knie nieder. Die Spielleitung und die anderen Kinder sind die Schiedsrichter und achten streng darauf, dass die Spielregeln eingehalten werden: Hände und Knie müssen auf dem Boden bleiben.
Siegerkäfer ist, wer seinen Gegner durch Körpereinsatz umschubsen oder vom Teppich drücken kann.

Skarabäus

*In der Götterwelt des alten Ägyptens spielte der Mistkäfer oder Skarabäus eine wichtige Rolle: So wie der Mistkäfer eine Mistkugel über den Boden rollt und in ein Loch fallen lässt, so dachten sich die Menschen den Sonnengott Khepri als Käfer, der die Sonnenscheibe über den Himmel rollt und am Abend verschwinden lässt. Der Mistkäfer legt seine Eier in Kotbälle: Da wird sozusagen aus Dreck Leben – der Skarabäus galt deswegen als Lebens- und Glückssymbol.
Reiche Ägypter besaßen deshalb großzügig mit Edelsteinen verzierte Nachbildungen von Skarabäen.*

Material: Tonkarton in beliebiger Farbe, Kleber, für die Edelsteine Seiden- oder Krepppapier, Pailletten, Perlen ...
Alter: ab 3 Jahren (mit Variante ab 5 Jahren)

Die Umrisse eines Skarabäus auf den Tonkarton malen oder kopieren. Die Innenfläche mit Kleber bestreichen und die „Edelsteine" darauf festkleben: Kügelchen oder Fetzen von buntem Papier, Pailletten oder Perlen aus dem Bastelladen oder was sonst gefällt.
Schön ist, wenn jedes Kind am Ende seinen ganz persönlichen Glücksbringer hat.

Variante ab 5 Jahren: Käfer aus lufttrocknender Modelliermasse oder aus Knete formen. Mit einem Zahnstocher von vorne nach hinten oder von links nach rechts ein Loch durchstoßen und nach dem Trocknen als Glücksanhänger auf eine Kette fädeln.

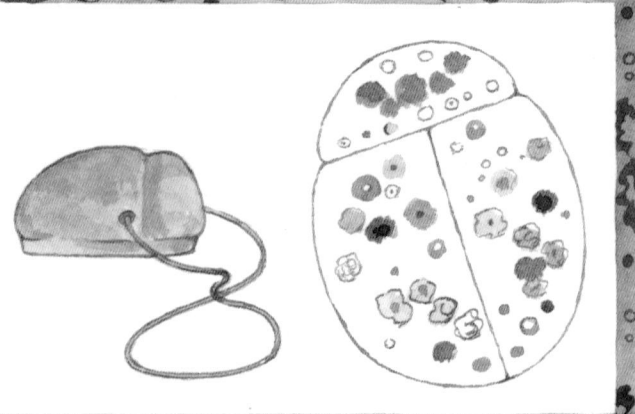

Schaffe, schaffe, Nestlein bauen – Ameisen

Ameisen gab es schon vor 200 Millionen Jahren zu Zeiten der Dinosaurier. Heute leben etwa 15.000 verschiedene Ameisenarten in fast allen Lebensräumen der Erde. Die größte Ameisenart erreicht eine Länge von 3 cm, die kleinste wird nur etwa einen halben Millimeter lang. Alle Ameisen der Welt wiegen zusammen ungefähr genauso viel wie alle Menschen der Welt!

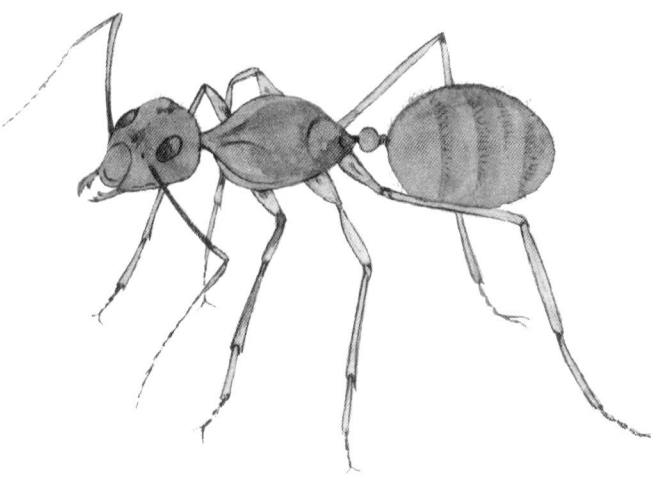

Ameisen sind Staaten bildende Insekten und eng verwandt mit den Bienen und Wespen. Ein einzelnes Nest kann – je nach Ameisenart – aus weniger als 20 oder aus mehr als einer Million Tieren bestehen. Die Ameisenhaufen der einheimischen Roten Waldameise beherbergen bis zu 500.000 Ameisen.

Ein Nest entsteht, wenn im Spätsommer geflügelte Ameisenweibchen und -männchen zum Hochzeitsflug ausschwärmen. Die Weibchen sind größer und schwerer als die Männchen, da in ihrem Hinterleib Eier und Nahrungsreserven gespeichert sind. Bei der Paarung nehmen die Weibchen die Samen der Männchen in eine Art „Samenvorratskammer" im Hinterleib auf: Dieser Samenvorrat reicht zur Befruchtung aller Eier, die die Königin in ihrem 1–15 Jahre dauernden Leben legen wird.

Die Ameisenmännchen sterben nach dem Hochzeitsflug. Jedes Weibchen jedoch wirft die Flügel ab, baut ein winziges Nest und legt Eier. Aus diesen Eiern schlüpfen die ersten Larven. Das Weibchen, die zukünftige Königin des Nestes und die Mutter aller Ameisen darin, pflegt und füttert die Larven, bis sie sich verpuppen und wenig später die ersten fertigen Arbeiterinnen schlüpfen.

Ab jetzt übernehmen die Arbeiterinnen alle Aufgaben des Nestes: Sie vergrößern das Nest, legen neue Gänge und Kammern an, indem sie die Erde mit Speichel verkleben, und sorgen für die Instandhaltung und für Reparaturen, zum Beispiel nach einem Regenschauer. Sie machen Erkundungsgänge nach draußen, suchen Nahrung und bringen sie in das Nest. Die Arbeiterinnen pflegen die Königin, füttern und reinigen sie und schleppen ihren Kot und alle anderen Abfälle des Baus – wie Essensreste und abgestreifte Larvenhüllen – nach draußen. Sie tragen zwischen ihren kräftigen Kiefern Wassertropfen ins Nest, um die Luftfeuchtigkeit zu regulieren und um den Durst der Larven und der Königin damit zu stillen.

Besonders wichtig ist die Pflege des Nachwuchses: Eier, Larven und Puppen haben jeweils eigene Kammern im Nest, sodass die Arbeiterinnen ihre kleinen Schwestern mit jedem Entwicklungsschritt von einer Kammer in die nächste tragen. Sie fächeln den Eiern mit den Beinen und Fühlern Luft zu, damit sie kühl bleiben, rei-

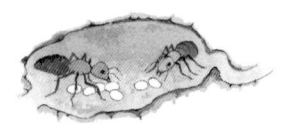

Ameisen

nigen die Eier und wenden sie hin und wieder, damit sie nicht schimmeln. Auch die Larven werden von ihnen gesäubert und gefüttert. Bei so guter Pflege wachsen die Larven schnell heran. Da ihre Haut wie bei allen Insekten nicht mitwächst, häuten sie sich innerhalb weniger Wochen 4–5 mal, bis sie sich verpuppen. Insgesamt dauert es etwa 6–8 Wochen, bis aus einem Ei eine fertige Arbeiterin wird.

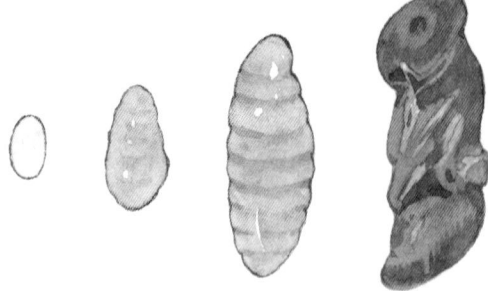

Währenddessen kümmert sich die Königin nur um das Eierlegen; es können dutzende von Eiern pro Stunde sein, aus denen sich weitere Arbeiterinnen entwickeln. Erst im Sommer des folgenden Jahres legt die Königin Eier, aus denen geflügelte Weibchen und Männchen entstehen. So schließt sich der Kreislauf.

Ameisen haben einen vielseitigen Speisezettel. Die unter Naturschutz stehenden Roten Waldameisen leben in erster Linie räuberisch und fangen viele andere Insekten: Fliegen, Mücken, Pflanzenwespen, Bienen, Ohrwürmer, Schmetterlingsraupen und Käfer. Sie verbeißen sich in ihre Beute und versprühen aus einer Drüse am Hinterleib Ameisensäure, die sich durch die harte Körperschale des Beutetiers hindurch frisst. Außerdem arbeiten die Waldameisen als Müllabfuhr des Waldes, indem sie bereits tote Insekten zerlegen und als Nahrung in ihr Nest schleppen.

Andere Ameisen sind auf Pflanzenkost spezialisiert. Und viele halten sich Blattläuse, die mit ihrem Rüssel Pflanzen anbohren und den zuckerhaltigen Pflanzensaft saugen. Hungrige Ameisen klopfen mit ihren Fühlern leicht auf den Rücken der Blattläuse, woraufhin diese einen kleinen Kottropfen abgeben. Diese klaren Kottröpfchen sind reich an Zucker; sie heißen Honigtau. Ameisen sind so versessen darauf, dass sie Blattläuse von einer dürren Pflanze zu einer tragen, die noch vor Pflanzensaft strotzt, und vor Marienkäfern und anderen Räubern schützen. Im Winter nehmen die Arbeiterinnen die Blattläuse mit in die untersten Kammern ihres Nestes, damit sie dort in Sicherheit die kalte Jahreszeit überdauern können.

Ameisen haben viele Feinde. Dazu gehören Wespen, Spinnen, Kurzflügelkäfer und Vögel. Schwarzspechte fressen täglich bis zu 1.000 Waldameisen. Ein besonderer Feind ist der Ameisenlöwe. Er ist die Larve der Ameisenjungfer, eines fliegenden Insekts mit langen zarten Flügeln. Der Ameisenlöwe gräbt einen Trichter in sandigen Boden, indem er den Sand in alle Richtungen hinauswirft. Dann lauert er unten im Trichter, bis eine Ameise in die Grube fällt und in dem rutschigen Sand immer weiter nach unten schliddert. Der Ameisenlöwe bewirft die Ameise zusätzlich mit Sand, sodass sie nicht fliehen kann und in sein riesiges Maul stürzt.

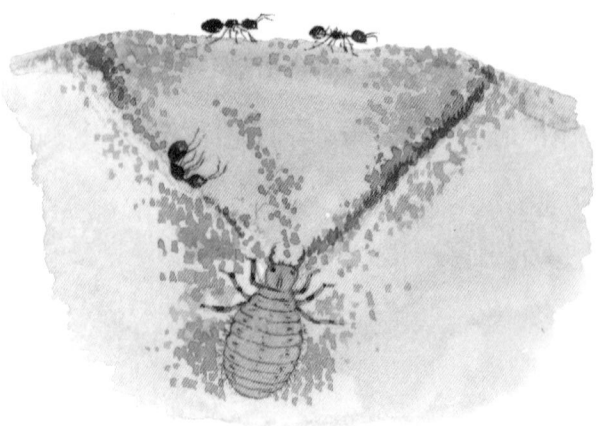

Ameisen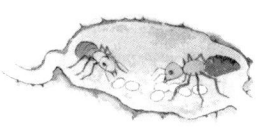

Das Kamel und die Ameise

Einmal weidete ein Kamel in der Steppe und sah im Gras zu seinen Füßen eine winzig kleine Ameise.
Die kleine Ameise schleppte einen großen Halm, zehnmal größer, als sie selbst war.
Das Kamel sah ihr eine Weile zu, wie sie sich abplagte, und dann meinte es: „Je länger ich dir zuschaue, umso mehr bewundere ich dich. Du schleppst, als wäre das gar nichts, einen Grashalm, zehnmal größer als du selbst bist. Und ich knicke schon unter einem einzigen Sack ein. Wie kommt das?"
„Wie das kommt?", meinte die kleine Ameise und dachte eine Weile nach. „Es ist, weil ich für mich arbeite und du für deinen Herrn!"
Und dann packte sie abermals ihren Grashalm und eilte mit ihm weiter.

(Arabisches Märchen)

Ameisenstraße

Ameisen verständigen sich untereinander mithilfe besonderer Duftstoffe, der Pheromone. Für die verschiedensten Nachrichten – "Hilfe!" "Hier gibt es Nahrung." "Ich bin diesen Weg entlang gekommen." "Durst!" "Ich bin ein Freund!" "Hunger!" "Gefahr!!!" – gibt es jeweils eigene Duftstoffe.
Um ihren Weg für andere Ameisen zu markieren und den Weg zum Nest zurück zu finden, bewegen Ameisen ihren Hinterleib ständig auf und ab und setzen dabei aus einer Drüse winzige Tröpfchen eines Duftstoffes auf den Boden. Andere Ameisen laufen im Zickzack über diese Duftspur und nehmen abwechselnd erst mit der einen, dann mit der anderen Antenne die Spur auf. Führt die Spur zu einer besonders schmackhaften Nahrung, bildet sich im Nu eine Ameisenstraße, auf der die Tiere emsig hin und her flitzen.

Material: Zucker, Wasser, Löffel, kleine Schüssel
Alter: ab 3 Jahren (mit Variante ab 5 Jahren)

Die Kinder verrühren etwa gleiche Mengen Zucker und Wasser in der Schüssel. Sie setzen die Schüssel in die Nähe eines Ameisennestes und lehnen ein paar Zweige an den Rand, um den Zugang zur Schüssel zu erleichtern.
Nach ein paar Stunden, spätesten am nächsten Tag, haben die Ameisen eine Straße zwischen Zuckersaft und Nest gebildet.

An dieser Straße lässt sich herrlich experimentieren:
Was passiert, wenn die Kinder die Straße unterbrechen, indem sie einen Stock oder ein Blatt in den Weg legen? (Große Verwirrung!)
Was passiert, wenn sie das Hindernis wieder entfernen? (Dann läuft der Verkehr auf der Ameisenstraße wieder.)
Was passiert, wenn die Kinder laut rufen oder in die Hände klatschen? (Gar nichts – die Ameisen reagieren nicht, weil sie nicht hören wie wir Menschen.)

Variante ab 5 Jahren: Zuckersaft so dick anrühren, dass sich die Zuckerkristalle nicht auflösen, und in einer beliebigen Schlängel- oder Zickzackform mit einem Pinsel kräftig auf eine Pappe auftragen. Pappe in die Nähe des Nestes legen und warten. Wenn die Ameisen die Pappe finden, werden sie entlang der Zuckerspur, die die Kinder aufgemalt haben, darüber laufen.

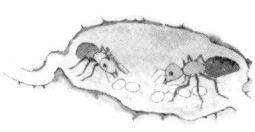

Ameisen

Füttere mich!

Ameisen besitzen zwei Mägen. Der erste davon heißt „sozialer Magen" – darin wird Nahrung gespeichert, die später bei Bedarf an hungrige Ameisen oder die Larven im Nest verfüttert wird. Begegnen sich zwei Ameisen, betasten sie sich gegenseitig mit den Fühlern und tauschen so Nachrichten aus.

Trifft eine hungrige Ameise auf eine, die Nahrung zum Bau trägt, bekommt sie an Ort und Stelle eine Mahlzeit aus dem sozialen Magen.

Der zweite Magen dient der Verdauung der Nahrung – genau wie bei uns.

Material: viele kleine Gegenstände einer Sorte, z. B. Erdnüsse, Murmeln oder Legosteine, evtl. Augenbinden
Alter: ab 4 Jahren (mit Variante ab 5 Jahren)

Es sollten dreimal so viele Gegenstände wie Kinder da sein, bei zehn Kindern also 30 Stück. Aus dieser Menge greift sich jedes Kind beliebig viele Teile heraus; es muss sie jedoch auf der offenen Handfläche halten können, ohne dass sie herunterfallen. Einige Kinder haben dann vielleicht vier oder fünf Gegenstände in der Hand, andere vielleicht nur einen oder gar keinen.

Die Kinder sitzen im Stuhlkreis. Ziel ist es, dass jedes Kind am Ende drei Gegenstände in der Hand hält.

Zwei nebeneinander sitzende Kinder beginnen: Beide schließen die Augen und das links sitzende Kind hält dem anderen die Hand mit den Gegenständen hin. Das rechts sitzende Kind ertastet mit der freien Hand, wie viele Gegenstände das andere Kind besitzt. Hat dieses mehr als drei Stück in seiner Hand, nimmt das Kind die überschüssigen Teile weg, hat es weniger, fügt es aus seinem eigenen Vorrat die nötige Anzahl hinzu. Danach wendet es sich an seinen anderen Nachbarn und das Abtasten beginnt von vorn. Die Spielleitung beschreibt und kommentiert für die anderen Kinder im Stuhlkreis das Tauschgeschäft.

Variante ab 5 Jahren: Die Kinder sitzen nicht im Stuhlkreis und beobachten jeweils zwei Kinder beim Austausch, sondern schließen alle die Augen und bewegen sich blind frei im Raum (Turnhalle o. Ä.). Treffen zwei Kinder aufeinander, tasten sie sich ab und tauschen ihre Gegenstände aus. Kinder, die drei Gegenstände haben, öffnen die Augen und stellen sich an die Seite, um die noch Suchenden nicht zu behindern. Sie können laut Anweisungen geben, damit sich die verbliebenen Ameisen im Raum auch finden.

Ameisenfarm

Ameisen lassen sich sehr gut in einer Ameisenfarm beobachten. Sie bauen Kammern und Gänge, die zwischen den beiden Scheiben der Farm zwangsläufig von außen gut zu erkennen sind. Wichtig ist allerdings, dass alle Ameisen in der Ameisenfarm aus einem Nest stammen, sonst bekämpfen sich die Tiere bis zum Tod. Auch sollten die Kinder die Ameisen nach einigen Wochen wieder in die Freiheit – und zwar in die Nähe ihres Nestes – entlassen. Arbeiterinnen können höchstens 6–8 Wochen ohne ihre Königin leben!

Material: 2 gleich große Plexiglas- oder Glasscheiben (mind. 30 x 40 cm), Knete, starkes Klebeband, Erde, Sand, Plastikröhrchen mit Verschluss (Korken, starke Folie und Gummiband o. Ä.) oder am unteren Rand mit Vaseline eingeschmiert

Alter: ab 5 Jahren

- Um den Rand einer Scheibe einen etwa 2–3 cm dicken Knetewulst legen. An einer Stelle durch die Knete ein Plastikröhrchen führen; durch dieses Röhrchen geben die Kinder später die Ameisen, Wassertropfen und Nahrung in die Farm.
- Ein Gemisch aus Erde und Sand einfüllen. Wenn die Ameisenfarm später senkrecht steht, sollte der Innenraum im obersten Viertel frei bleiben.
- Die zweite Scheibe auf den Knetewulst auflegen und beide Scheiben auf allen Seiten mit Klebestreifen fest zusammenhalten. Bis auf das Röhrchen (das jetzt nach oben zeigt), darf es keine Lücken in der Knetewand geben, sonst machen sich die Ameisen ruckzuck aus dem Staub!

Im Freien sammeln die Kinder ca. 20–30 Ameisen (aus einem Nest!). Dazu nehmen sie jeweils eine Ameise auf einen dünnen Zweig und schütteln sie in die Ameisenfarm.

Die Ameisen müssen täglich gefüttert werden, allerdings nicht zu viel. Überfüttern ist Todesursache Nr. 1 in Ameisenfarmen! Außerdem gammelt Futter, das die Ameisen liegen lassen, sehr schnell. Täglich einige in Zuckerwasser aufgeweichte Brotkrumen reichen völlig aus, zusätzlich einige Tropfen Wasser zum Trinken und zum Wässern des Bodens.

Die Ameisenfarm sollte nicht direktem Sonnenlicht ausgesetzt sein und auch keine abrupten Temperaturwechsel durchmachen.

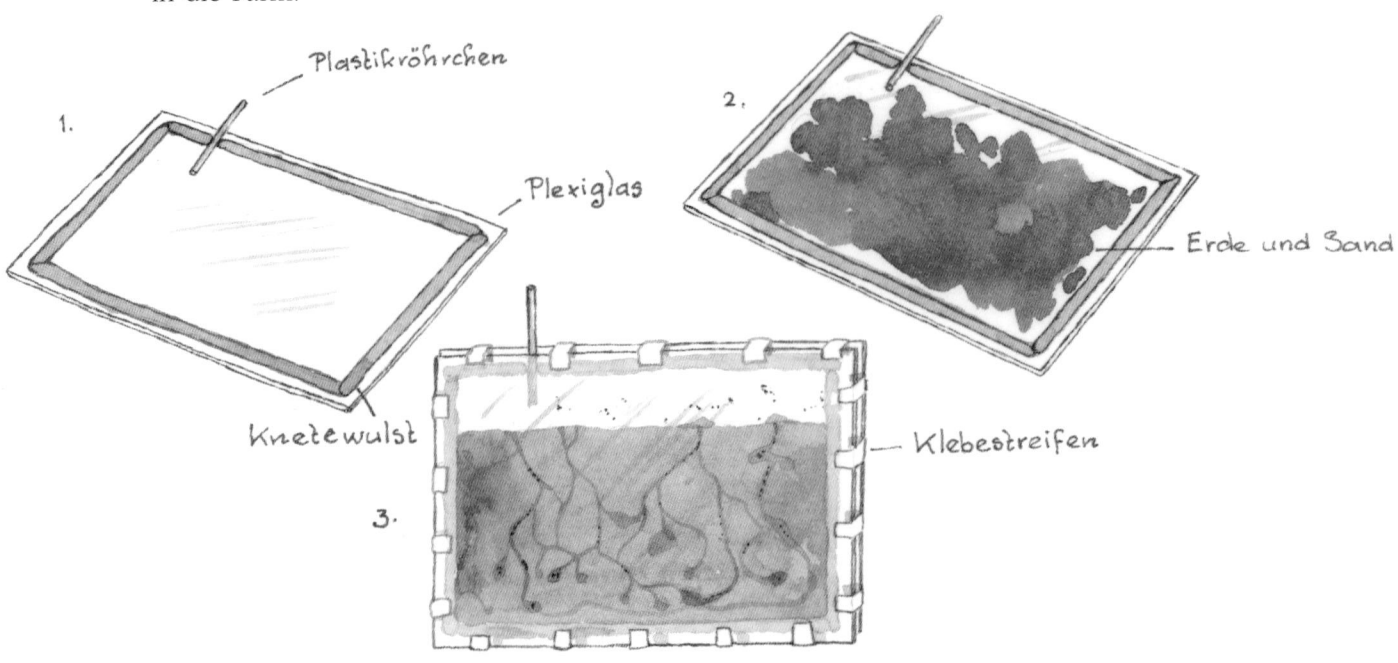

Ameisen

Ameisen aus selbst gemachter Knete

Diese Ameisen passen in die Tierlandschaft von S. 62 und in das Ameisennest von S. 86.

Material: 400 g Mehl, 200 g Salz, 3 EL Öl, 2 EL Weinsteinsäure (aus der Apotheke), flüssige Lebensmittelfarbe in Rot oder Braun, $1/2$ l kochendes Wasser, Mixer und Knethaken, Schüssel für selbst gemachte Knete oder fertige Knete in Rot-, Braun- oder Schwarztönen, Zahnstocher, schwarze Pfefferkörner
Alter: ab 4 Jahren

Mehl, Salz, Öl, Lebensmittelfarbe und Weinsteinsäure in einer Schüssel mischen. Kochendes Wasser darüber gießen und mit dem Mixer kneten. (Je nach benötigtem Material vervielfacht die Spielleitung die Mengenangaben.)
Diese Knete hält sich luftdicht verschlossen mehrere Wochen; an der Luft härtet sie aus.

Für eine Ameise drei fast tischtennisballgroße Kugeln rollen und mit Zahnstochern in einer Reihe aneinander stecken. Für die Augen schwarze Pfefferkörner in den Kopf drücken, als Antennen zwei Zahnstocher brechen, aber nicht zerbrechen, und ebenfalls am Kopf anbringen. Sechs weitere Zahnstocher als Beine in die mittlere Kugel stechen.

85

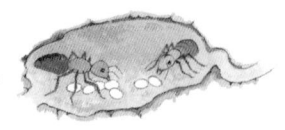

Ameisen

Ameisennest

Ein Ameisennest ist immer nach dem gleichen Schema aufgebaut: Mehrere Kammern sind durch Gänge miteinander verbunden. In einer Kammer liegt die Königin – sie ist bis zu dreimal größer als die Arbeiterinnen – und legt Eier. Arbeiterinnen tragen die Eier in eine besondere Kammer, wo sie sie hegen und pflegen. Sobald die Larven geschlüpft sind, werden sie in eine andere Kammer gebracht. Die Eierkammer ist im Nest oben, die Larvenkammer in der Mitte und ganz unten befindet sich eine Kammer, in der die Puppen bleiben, bis die fertigen Arbeiterinnen schlüpfen.

Zusätzlich gibt es Kammern um Nahrung oder Abfall aufzubewahren und solche, in denen die Arbeiterinnen ausruhen können.

Material: Tapetenrest, Kleister, Erde, Eimer, Naturmaterialien aller Art, Wolle, Papier und Stifte, Schere, weiße und cremefarbene Kerze, Streichhölzer, Klebeband

Alter: ab 3 Jahren (in Zusammenarbeit mit älteren Kindern)

- In einem Eimer Kleister und Erde vermischen und mit den Händen auf einer Tapetenbahn verschmieren. Der obere Rand sollte als „Wiese" frei bleiben.
- Solange die Kleistermischung noch feucht ist, mit den Fingern von einem Punkt der Wiese aus einen „Gang" durch die Erde ziehen, sodass die helle Tapete dort durchschimmert. Ebenso Kammern und Verbindungsgänge schaffen.
- Das Erdbild mit Naturmaterial ausschmücken Mit Kleister Gras, Blätter oder Blumen auf die Wiese und kleine Steinchen in die Erde kleben. Nach Belieben mit aufgeklebten Erdbewohnern dekorieren, z. B. mit dicken Wollfäden als Regenwürmer oder mit aufgemalten und ausgeschnittenen Tausendfüßern, Mäusen oder Maulwürfen. Trocknen lassen.
- Nun fehlen nur noch die Bewohner des Ameisennestes: Von der weißen Kerze kleine Wachsflecken auf Papier tropfen lassen. Solange das Wachs noch geschmeidig ist, diese vom Papier abziehen (Vorsicht! Nicht die Finger verbrennen!) und zu kleinen runden Eiern formen. Größere Wachstropfen länglich-oval formen, das sind die Larven. Cremefarbene große Wachstropfen, ebenfalls länglich-oval geformt, ergeben die Puppen.
- Eier, Larven und Puppen in jeweils verschiedenen Kammern mit Kleister aufkleben, trocknen lassen und das fertige Ameisennest aufhängen.
- Zuletzt eine besonders große Ameise aus Knete formen (s. oben), das ist die Königin.
- Klebestreifen von hinten an die Stelle auf die Tapete kleben, an der die Königin sitzen soll und mit einer spitzen Schere zwei Löcher durch Tapete und Klebestreifen bohren. Faden durch die Löcher ziehen und die Königin zwischen Brust und Hinterleib festbinden. (Der Klebestreifen verhindert, dass die Tapete ausreißt!) Arbeiterinnen können auf die gleiche Art im Nest befestigt werden.

Ameisen

Königin gegen Arbeiterinnen

Dass einer allein viel weniger schafft als viele zusammen, zeigt dieses Spiel.

Material: zwei gleich große Bögen Papier, Plastiktüten oder Teppichreste, viele Zahnstocher
Alter: ab 3 Jahren

Papier, Plastiktüten bzw. Teppichreste stellen im Spiel Baumstümpfe dar, um die herum die Waldameisen ihr Nest errichten wollen. Die Zahnstocher, um die Baumstümpfe herum auf den Boden gestreut, sind die dazu nötigen Tannennadeln.
An dem einen Baumstumpf arbeitet eine einsame Königin: Sie sammelt Tannennadeln und legt sie auf dem Stumpf auf einen Haufen. An dem anderen Baumstumpf sind emsig alle übrigen Kinder als Arbeiterinnen beschäftigt, das Nest zu bauen. Wer hat wohl am Ende den größeren Haufen zusammengetragen?
(Mit einem Dankeschön an Annemarie Rose)

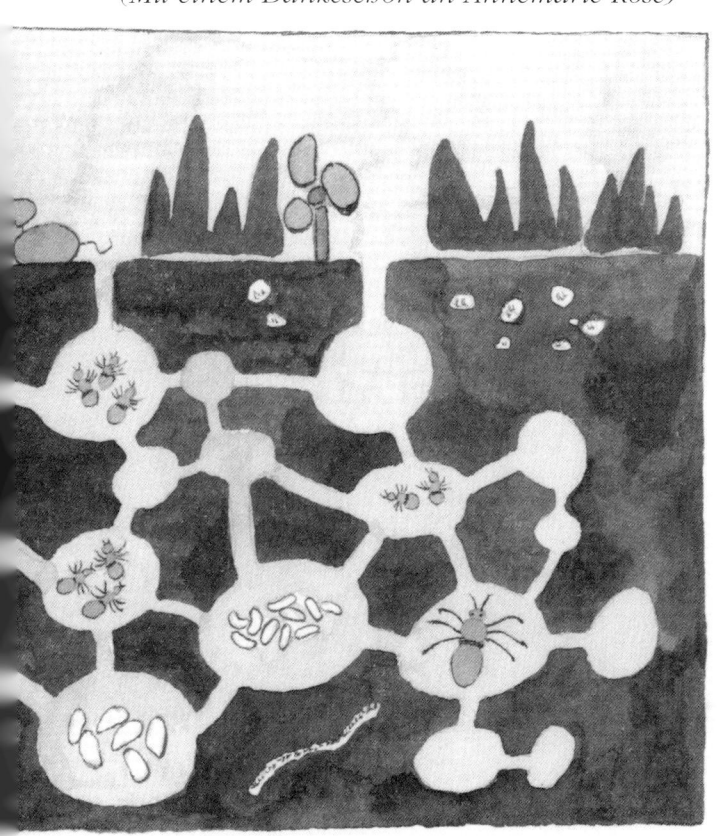

Marienkäfer, rühr dich nicht!

Räuberische Ameisen betasten ihre Beute mit den Fühlern. Dies löst bei den meisten Tieren eine Bewegung aus. Diese Bewegung ist für die Ameisen das Signal, sich in ihre Beute zu verbeißen. Natürlich bewegt sich das Opfer daraufhin noch mehr, aber gerade dies verstärkt den Angriff der Ameise und lockt weitere Arbeiterinnen heran.
Marienkäfer haben es da gut: Zu ihren Schutzreflexen gehört es, sich bei einem Angriff tot zu stellen und nicht zu bewegen. So kommen sie bei einem Ameisenangriff glimpflich davon!

Material: keins
Alter: ab 3 Jahren

Zwei oder drei Kinder sind Ameisen, alle anderen Kinder Marienkäfer. Sie sitzen still auf dem Boden. Nur die Ameisen bewegen sich von einem Käfer zum nächsten und betasten ihn mit den Fühlern – kitzeln vorsichtig mit den Fingern an einer beliebigen Stelle. Schafft es der Käfer, dabei ruhig zu bleiben und sich nicht zu bewegen, ruft die Ameise „Marienkäfer" und geht zum nächsten Kind. Bewegt sich aber ein Käfer, so ruft die Ameise „Essen!" und die anderen Ameisen stürzen herbei und kitzeln ihn kräftig aus!

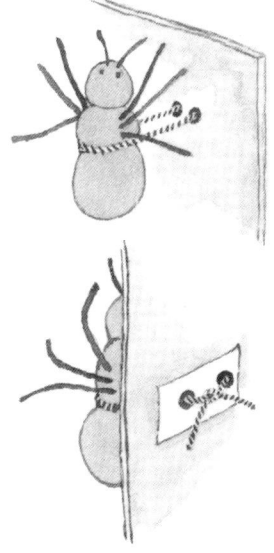

87

Leben auf großem Fuß – Schnecken

Schnecken sind als Beobachtungstiere hervorragend geeignet. Sie sind einfach zu finden, können nicht zu schnell abhauen, haben für die meisten Menschen mit ihren hübschen Gehäusen einen geringen Ekelfaktor und bieten eine Fülle an unerwartetem Verhalten. Sie bezaubern mit Namen wie Schnirkelschnecke, Stachelige Streuschnecke, Kleines Vielfraß und Schnegel.

Die allermeisten der zehntausenden von Schneckenarten leben im Meer, andere im Süßwasser und einige tausend Arten haben es auch an Land geschafft. Sie sind nahe Verwandte von Muscheln und Tintenfischen. Da verwundert es nicht, dass auch Landschnecken die Feuchtigkeit lieben. Eine der Hauptaufgaben der Schneckengehäuse ist deshalb auch der Schutz vor Verdunstung; die äußerste Schicht des Hauses ist wasserdicht. Die gleiche Funktion erfüllt der Schleim, der Schnecken so glitschig macht. Natürlich soll das Haus die schmackhafte Schnecke auch vor Fressfeinden schützen. Ein starker Muskel, der in der obersten Windung des Schneckenhauses ansetzt, zieht die ganze Schnecke bei Gefahr in die sichere Schale. Viele Wasserschnecken haben dazu auch noch einen festen Deckel, mit dem sie den Eingang verschließen.

Bereits wenn Schnecken aus dem Ei schlüpfen, haben sie eine Schale, sie ist winzig klein und noch sehr zerbrechlich. Während die Schnecke wächst, wächst aber auch die Schale mit, bis sie aus vielen Windungen besteht. Schneckenarten wie die bekannten Wegschnecken (Nacktschnecken) haben allerdings die Sicherheit der schwerfälligen Häuser für mehr Beweglichkeit eingetauscht.

Der untere Teil des Schneckenkörpers ist eine muskulöse Sohle, der so genannte Fuß. Vorne befindet sich der Kopf mit Mund und Fühlern. Landschnecken haben vier Fühler, wovon zwei Augen tragen und zwei zum Tasten und Schmecken dienen. Manche Wasserschnecken haben nur zwei Fühler. Die restlichen Organe sind im Gehäuse untergebracht. Bei den Nacktschnecken sind sie allerdings nur von einer Hautfalte bedeckt. Bei diesen Schnecken kann man besonders gut die Atemöffnung sehen.

Schnecken sind im Wesentlichen nachtaktiv, was sie wiederum vor dem Austrocknen in der heißen Sonne schützt. Den Tag verschlafen sie in kleinen Höhlen und Spalten oder fest angeklebt an einem Pflanzenstängel unter einem Blatt. Um diese Übernachtungsplätze kann es durchaus mal Streit geben. Kämpfe finden statt – im Schneckentempo. Im Schutze der Nacht machen sich die Schnecken auf Futtersuche. Die überwiegende Mehrheit der Landschnecken sind Vegetarier, die sich an krautigen Pflanzen gütlich tun, moderndes Laub oder Pilze fressen oder sich zum Leidwesen der Gärtner an Salat und Zierpflanzen vergehen. Genauso fressen aber auch Schneckenarten wie die rote Wegschnecke bevorzugt Aas oder gehen auf die Jagd nach anderen Schnecken oder Würmern.

Schnecken

Der Schneckenmann

Vor langer, langer Zeit, an den Ufern des großen Flusses Missouri, lebte einmal eine Schnecke. Eines Tages trat der Fluss über sein Ufer und überschwemmte das Land. Die Schnecke klammerte sich an ein Stück Treibholz und eine Welle trug beide davon.

Tagelang trieb die Schnecke auf dem Holz den Fluss hinunter, doch schließlich verlief sich die Flut und die Schnecke lag auf dem Trocknen, zwischen Schlamm und Unrat. Bald darauf kam die Sonne hinter den Wolken hervor, der Schlamm trocknete, und ehe die Schnecke es sich versah, steckte sie im Schlamm fest, sodass sie sich nicht mehr rühren konnte. Ihr wurde schrecklich warm und sie dachte, dass sie nun sterben müsse.

Plötzlich jedoch zerbrach ihr Schneckenhaus und die Schnecke wurde größer und größer. Schließlich stand dort im Schlamm ein Wesen, wie es auf der Erde noch nie gesehen worden war: Es stand auf zwei Beinen, hatte zwei Arme mit Händen und Fingern und war völlig nackt, bis auf wenige Haare am Kopf. Das Wesen tat ein paar Schritte, aber es wusste nicht recht, wie ihm geschehen war. Eine ganze Weile dauerte es, bis Was-bas-has, der Schneckenmann, sich daran erinnerte, woher er gekommen war. Dann suchte er die Stelle, wo er vor der Flut gelebt hatte.

Nach einer Weile verspürte Was-bas-has Hunger, doch er wusste nicht, was er essen sollte. Er wünschte sich zurück in sein Schneckenhaus, denn als Schnecke hatte er niemals Hunger leiden müssen. Schließlich fühlte er sich so elend, dass er sich auf den Boden fallen ließ, um zu sterben. Da hörte er eine Stimme, die ihn rief. Es war der Große Geist auf seinem Pferd, seine Augen leuchteten wie Sterne, die Adlerfeder im Haar blitzte in der Sonne und die Spitze seiner Lanze schien wie Silber. Was-bas-has schlug die Augen geblendet nieder und zitterte am ganzen Körper.

„Warum zitterst du?", fragte der Große Geist.

„Ich fürchte mich vor dem, der mich geschaffen hat. Ich bin müde und hungrig, und ich weiß nicht, was ich essen soll", antwortete Was-bas-has.

Da nahm der Große Geist Pfeil und Bogen von seinem Rücken und schoss einen Vogel und einen Hirsch. „Dies soll deine Nahrung sein und dies sind deine Waffen", sagte er und reichte Was-bas-has Pfeil und Bogen. „Das Kleid der Hirsche soll dich warm halten. Und dies ist das Zeichen deiner Herrschaft", fügte der Große Geist hinzu und hängte dem Schneckenmann eine Kette aus Perlen um den Hals. „Von nun an sollst du über die Tiere des Waldes und der Prärie herrschen." Dann verschwand der Große Geist mit seinem Pferd in den Wolken.

Der Schneckenmann aß und machte sich dann wieder auf den Weg, um die Stelle am Fluss zu finden, wo er früher gelebt hatte. Dort setzte er sich ans Ufer und dachte über seine Erlebnisse nach, als plötzlich ein großer Biber vor ihm auftauchte. Der Biber sprach: „Wer bist du? Was willst du hier? Dies ist das Land der Biber und ich bin ihr Häuptling."

„Du wirst nun deine Herrschaft mit mir teilen müssen", sagte Was-bas-has, „denn der Große Geist hat mich zum Häuptling aller Tiere des Waldes und der Prärie gemacht."

„Wer bist du denn?", fragte der Biber. „So etwas wie dich habe ich noch nie gesehen."

„Ich bin Was-bas-has und ich bin aus einem Schneckenhaus gekommen. Jetzt aber bin ich ein Mensch."

Was-bas-has blieb bei den Bibern, lernte von ihnen Bäume zu fällen, ein Tipi zu bauen, Fische zu fangen und Vorräte anzulegen. Schließlich heiratete er die Tochter des Biberhäuptlings. Schneckenmann und Bibermädchen aber waren die Urahnen eines großen Stammes, der Osage-Indianer.

(Geschichte nordamerikanischer Indianer)

Schnecken

Schneckenjagd

Schnecken sind nur vom Frühjahr bis zum Herbst unterwegs. Wird es im Sommer zu heiß und trocken, verschließen sie ihr Haus mit einem Schleim- oder Kalkpfropf und warten auf feuchtere Zeiten. Wenn es in unseren Breiten Winter wird, graben sich viele Schneckenarten ein und halten Winterschlaf. Die beste Zeit zum Schneckensammeln ist kurz nach einem Regenguss.

Material: Salatkopf, Marmeladengläser
Alter: ab 3 Jahren

Schnecken lieben es krautig – also im Garten, an dicht bewachsenen Wegrändern oder Ufern von Bächen und Teichen suchen. Die Kinder können es auch mit etwas Bestechung versuchen: Einen Teil eines Salatkopfes an einer schattigen Stelle auslegen und später die Bewohner absammeln.
Die Schnecken beim Transport vor Trockenheit und Hitze schützen und auf die gute Belüftung des Sammelgefäßes achten.
Karton eignet sich nicht als Material für Sammelgefäße, da die Schnecken sich durch ihn durch raspeln können (s. „Schneckenfraß" S. 91). Besser geeignet sind große Marmeladengläser.

Schneckenhaltung

Schnecken lassen sich recht einfach halten. Einige Schneckenarten, wie auch die Wegschnecken, sind allerdings räuberisch. Falls Sie im Zweifel über die Ernährungsgewohnheiten der gefangenen Tiere sind, halten Sie sie nach Arten getrennt und setzen nur wenige Tiere in ein Aquarium.
Nach Ablauf des Projektes müssen die Kinder die Schnecken wieder in die Natur entlassen. Natürlich sollten sie dabei wieder an ihren angestammten Lebensplatz zurückgebracht werden, damit sie überleben können. Mitunter begegnet man den markierten Schnecken später wieder. Falls sich die Schnecken extrem wohl fühlen, können sie sich im Terrarium auch fortpflanzen. Dann werden sie erbsengroße Eier legen, die sie in der Erde vergraben. Die kleinen Schnecken schlüpfen nach 2 bis 4 Wochen und sind noch sehr empfindlich und zerbrechlich. Vorsicht beim Anfassen!

Material: Terrarium oder Aquarium (muss nicht mehr dicht sein), eine Abdeckung (z. B. Holzbrett mit Luftlöchern oder Rahmen mit Gaze bespannt), Blumenerde, Kies, Steine, Äste, Moos, Kalkgrit aus dem Zooladen, flache Schale (z. B. Marmeladenglasdeckel), Wasser, einige wenige Schnecken, Nagellack, Sprühflasche
Alter: ab 3 Jahren (mit Hilfe eines Erwachsenen)

Das Terrarium mit feuchtem Lappen reinigen. Blumenerde bei 250 °C für eine halbe Stunde backen, um sie zu sterilisieren, danach mit klarem Wasser wieder anfeuchten. Terrariumboden damit etwa 5 cm dick bedecken.
Mit Steinen, Kies, Ästen oder Moos eine kleine Landschaft mit Unterschlüpfen einrichten. Auch Erdbereiche frei lassen! Den Kalkgrit an einigen Stellen des Terrariums ausstreuen. Die Schnecken brauchen den Kalk zur Bildung ihres Gehäuses.
Die Schale in die Erde einbetten und mit Wasser füllen. Die Schale muss flach sein, damit die Schnecken darin nicht ertrinken.
Schnecken mit Gehäuse mit Nagellack markieren, auf schöne Namen taufen und einsetzen.
Das Terrarium muss an einem schattigen, kühlen Ort stehen und gut abgedeckt sein. Nacktschnecken können sich auch durch sehr kleine Öffnungen schlängeln! Das Terrarium mit der Sprühflasche feucht, aber nicht nass halten.

Schnecken

Schneckenfraß

Schnecken haben keine Zähne, sie fressen mit der so genannten Radula. Das ist eine Reibe, die sie heraus- und hereinziehen können, ein wenig wie eine Zunge. Damit raspeln sie Pflanzen klein, schaben Algen ab oder fressen auch Aas. Räuberische Schnecken setzen die Radula auch zur Jagd ein.

Material: Gurke, Salat, Kohl, Tomaten, Möhren, Kartoffeln (gekocht und ungekocht), Löwenzahn, Champignons, Haferflocken, Mehlpapp (streichfähige Mischung aus Wasser und Mehl)
Alter: ab 3 Jahren

Die Schnecken brauchen jeden Tag frisches Futter. Altes Futter jeden Tag entfernen. Genauso das Wasser jeden Tag erneuern. Kalkgrit sollte immer zur Verfügung stehen.

Schnecken haben Vorlieben – welches Futter fressen sie am liebsten, wenn sie mehrere Sorten angeboten bekommen? Können die Kinder sie mit dem Mehlpapp auf die Terrarienscheiben locken und so die Schnecken-Radula im Einsatz beobachten? Wenn es leise ist, können die Kinder das kratzige Geräusch hören, das Schnecken machen, die einen frischen Salat fressen!

Wasserschneckenhaltung

Hier kann jedes Kind sein eigenes kleines Aquarium haben. Falls die Schnecken Eier legen, kann es die durchsichtigen Eier und die Entwicklung der Schnecklein darin mit der Lupe beobachten.

Material: je Kind 2 durchsichtige Plastiklimoflaschen, scharfe Schere, Kies oder Sand aus dem Zooladen, Eimer, 2 Wasserpflanzen (z. B. Wasserpest), wasserfester Stift, zwei kleine Schnecken (aus dem Zooladen, dort tauchen sie an den Pflanzen als unerwünschte Aquariengäste auf)
Alter: ab 5 Jahren (mit Hilfe eines Erwachsenen)

Die Limoflaschen gut ausspülen. Bei einer Flasche den Hals abschneiden, sodass eine weite Öffnung entsteht. Sand oder Kies in einem großen Eimer zweimal durchwaschen.

 *Schnecken*

Etwa 10 cm hoch in die Flasche einfüllen und vorsichtig Wasser einfüllen. Die Wasserpflanzen im Boden verankern oder schwimmen lassen. Den Boden der zweiten Flasche abschneiden und als Deckel benutzen.
Das Aquarium beschriften und für etwa eine Woche stehen lassen, damit sich die Wasserqualität einpendeln kann und Algen zu wachsen beginnen. Nicht in die pralle Sonne stellen.
Dann die Schnecken einsetzen.

Guck mal, wie die kriecht

Schnecken bewegen sich fort, indem sie die Muskeln in ihrem Fuß wellenförmig zusammen ziehen. Für den Beobachter scheinen sie zu gleiten, aber von unten durch Glas betrachtet sind die Wellen, die von hinten nach vorne durch den Fuß laufen, bei Schnecken mit hellem Fuß gut zu sehen, wenn man genau hinschaut.

Material: Marmeladenglas mit Schraubverschluss, Milchdosenlocher, Schnecke
Alter: ab 3 Jahren (mit Variante)

In den Deckel des Marmeladenglases bohren die Kinder mehrere kleine Löcher. Sie setzen eine Schnecke in das Glas und verschließen es. Von außen betrachten die Kinder die Fortbewegung der Schnecke über das Glas.

Variante: Die Kinder können die Fortbewegung der Schnecke auch erfühlen, wenn sie die Schnecke über ihre Hand kriechen lassen.

Kneteschnecken

Die Kneteschnecken passen sehr gut in die Tierverstecke auf S. 62.

Material: leere Schneckenhäuser (gesammelt oder gekauft), Knete in verschiedenen Farben, Zweige, Zahnstocher oder Streichhölzer
Alter: ab 3 Jahren (mit Varianten)

Aus der Knete längliche Rollen als Schneckenkörper formen und je ein Schneckenhaus auf den Rücken setzen. Für die Fühler Stücke von dünnen Zweigen, Zahnstochern oder Streichhölzern in die Knete drücken. Ältere Kinder können auch Fühler aus Knete formen und am vorderen Ende der Schnecke andrücken.

Varianten: Die Schneckenkörper aus selbst gemachter Knete (s. S. 85) oder aus Salzteig formen. Beide Varianten trocknen an der Luft.

Schneckenrennen

Ein Schneckenrennen mit echten Schnecken sollten die Kinder morgens, wenn die Schnecken auf der Suche nach einem Ruheplatz für den Tag sind, und im Schatten spielen, wo die Schnecken nicht austrocknen. Ein Durchgang reicht den Schnecken völlig! Danach helfen die Kinder ihnen bei der Suche nach einem schattigen Rastplatz!

Material: Pappe, Schere, Stifte oder Wasserfarben, mehrere Schnecken
Alter: ab 5 Jahren

Aus der Pappe einen Kreis von etwa Platztellergröße ausschneiden und eine Zielscheibe aufmalen.
Jedes Kind sucht eine Schnecke, merkt sie sich genau und setzt sie auf den Mittelpunkt der Zielscheibe. Die Schnecke, die zuerst mit dem ganzen Körper die Pappe verlässt, ist die Siegerin – im Schneckentempo saust die Gewinnerin über die Ziellinie! Übrigens: Pieksen und Schubsen gilt nicht!

Schnecken

Schneckenpusten

Bei vielen Kindern eignet sich besser ein Schneckenrennen mit selbst gemachten Schnecken. Und wenn dabei die Sonne scheint – umso besser!

Material: Tonpapier in verschiedenen Farben (DIN A3), Schere, je Schnecke eine Büroklammer, länglicher Tisch (oder glatter Fußboden mit zwei Markierungen als Start- und Ziellinie)
Alter: ab 4 Jahren (mit Variante ab 3 Jahren)

Aus dem Papier Streifen von 3 cm Breite und 40–45 cm Länge schneiden. Streifen locker aufwickeln und mit der Büroklammer etwa 6 cm vor Ende des Papierstreifens fixieren. Das heraus ragende Ende des Papiers an der vorderen Kante dreieckig einschneiden, sodass kleine Fühler entstehen, und diese nach oben biegen.

Die SpielerInnen setzen ihre Schnecken an das eine Ende des Tisches oder an eine Startlinie auf dem Fußboden. Auf das Signal der Spielleitung hin beginnt das Rennen: Jedes Kind pustet seine Schnecke nach vorne – entweder zur anderen Tischkante oder zu einer Ziellinie auf dem Fußboden.
Die Siegerschnecke bekommt einen besonderen Platz draußen im Freien!

Variante ab 3 Jahren: Jüngere Kinder pusten mithilfe von Strohhalmen.

Flott wie 'ne Schnecke

Im Terrarium sind die silbern glitzernden Schleimspuren gut sichtbar, die eine Schnecke beim Kriechen hinterlässt. Der Schleim schützt die Schnecken vor scharfen Kanten im Untergrund, aber er dient vor allem als Schmiermittel, das die Reibung verringert und das Fortkommen erleichtert.

Material: dicke Plastikbahnen, Seifenlauge, Springseile und Kinder, die nass werden dürfen!
Alter: ab 3 Jahren (mit Variante)

Die Plastikbahnen auf dem Boden ausbreiten. Um zu zeigen, wie schwer das Rutschen und Kriechen ohne Schleim ist, ziehen die Kinder sich gegenseitig mithilfe eines Seils über die Plastikplane. Derjenige, der zieht, steht vor der Plane und hat ein Ende des Seils in der Hand, derjenige, der liegt und gezogen wird, hat das andere Ende.
Nach diesem ersten Durchgang die Plastikplane mit Seifenlauge – dem Schneckenschleim – schlüpfrig machen.
Jetzt ziehen sich die Kinder wieder gegenseitig über die Plastikplane – und siehe da, das flutscht von selbst! (Durch das Seil müssen die „Zieher" nicht auf der rutschigen Plane stehen!)

Variante: Wenn die Spielleitung mehrere Planen nebeneinander aufbaut, können die Kinder ein Schneckenrennen der anderen Art veranstalten.

Regenwürmer

Leben im Untergrund – Regenwürmer

Fast alle Kinder mögen Regenwürmer, und einige haben sie sogar zum Essen gern: Wer kennt nicht so manches Kind, das schon einmal einen Wurm probiert hat! Da geht es ihnen nicht alleine so – Regenwürmer sind Nahrung für viele Vögel, für Frösche und Kröten, Eidechsen, Igel und viele andere Tiere.

Regenwürmer leben in selbst gegrabenen Röhren im Boden; die Löcher bedecken sie mit Bodenstreu. Nachts ziehen sie modernde Pflanzenteile in ihre Röhren, um sie zu fressen. Dann kommen die Würmer auch ganz heraus, um ihre Kothaufen auf der Erde abzusetzen. Im Winter ziehen sich die Regenwürmer in die frostfreien Bereiche der Erde zurück: Sie graben 1,5–2 m tiefe Röhren, kringeln sich ganz unten zu einem festen Klumpen zusammen und fallen in eine Art Winterstarre. Mit steigenden Temperaturen im Frühling erwachen sie und kriechen in wärmere Bodenschichten hinauf.

Regenwürmer sind ausgesprochen nützliche Tiere. Indem sie Pflanzenreste in den Boden hineinziehen, vermischen sie beides miteinander. Damit werden die Pflanzenreste auch anderen bodenlebenden Kleinstlebewesen, Pilzen und Bakterien als Nahrung zugänglich, die Pflanzenreste verwesen sehr viel schneller. Durch das Graben ihrer Gänge schaffen Regenwürmer außerdem Hohlräume in der Erde, die für die Belüftung und Entwässerung des Bodens enorm wichtig sind. Der Regenwurmkot ist reich an Nährstoffen, die dann den Pflanzen beim Wachsen zu Gute kommen. Charles Darwin (der sich sehr für Regenwürmer interessierte) schätzte, dass die Regenwürmer in einer Wiese bei seinem Haus innerhalb von 30 Jahren eine 18 cm dicke Erdschicht neu gebildet hatten, indem sie pro Hektar etwa 50 Tonnen Kot an der Bodenoberfläche ablagerten.

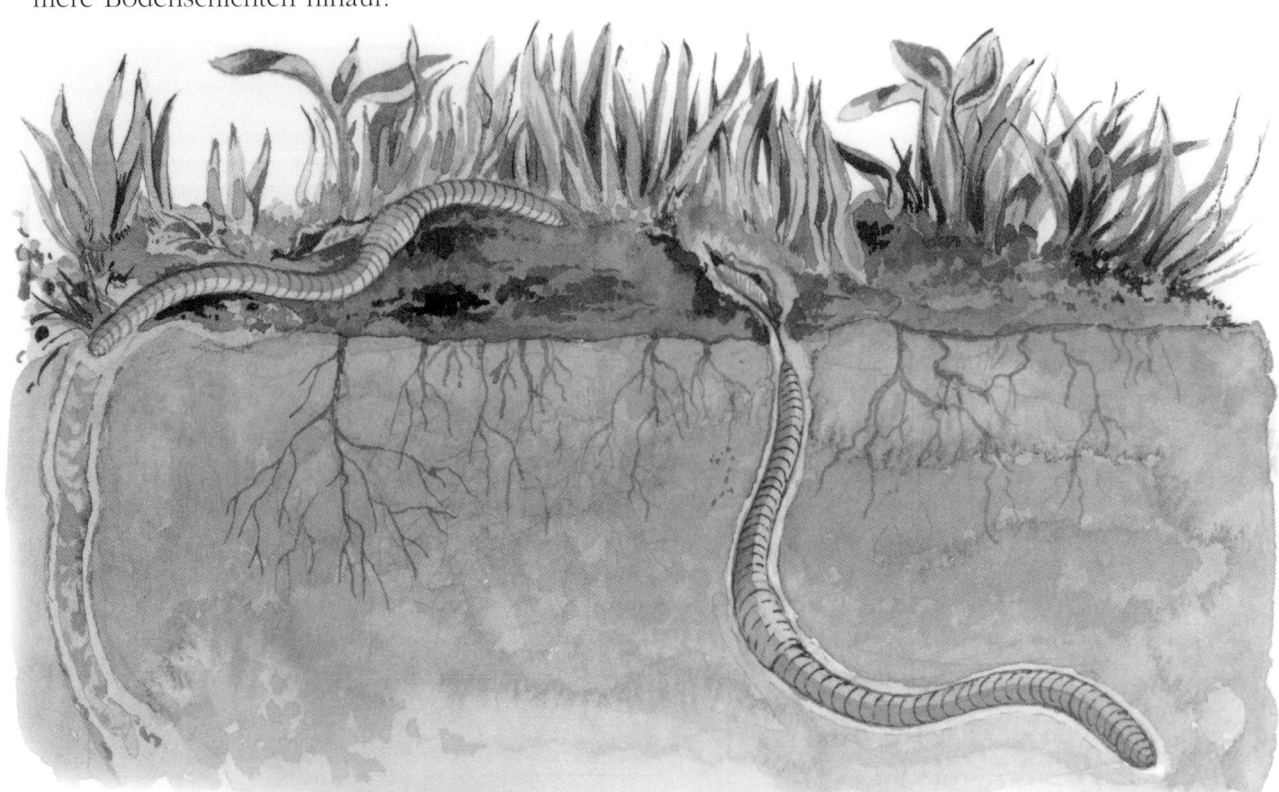

Regenwürmer

Regenwürmer haben einen runden Körper, der an der Unterseite abgeflacht und an der Oberseite etwas dunkler gefärbt ist. Er scheint wie aus dünnen Ringen zusammengefügt, den so genannten Segmenten. Das erste Segment, der Kopflappen, enthält das „Gehirn" des Wurmes und die Sinnesorgane – zum Tasten und um Hell und Dunkel zu unterscheiden; Regenwürmer können weder hören noch sehen. (Der Kopf ist am spitzeren Ende des Wurmes.) Der Mund befindet sich auf der Unterseite des zweiten, der After am letzen Segment. Zwischen dem 32. und 37. Segment (ungefähr am Ende des vorderen Körperdrittels) ist der Körper dicker; dort befindet sich das Clitellum, ein Drüsengürtel, der Schleim absondert. Dieser Schleim dient zum Tapezieren der Wohnröhren und der Überwinterungskammern, als Rutschbahn bei der Fortbewegung und zur Herstellung der Eikokons.

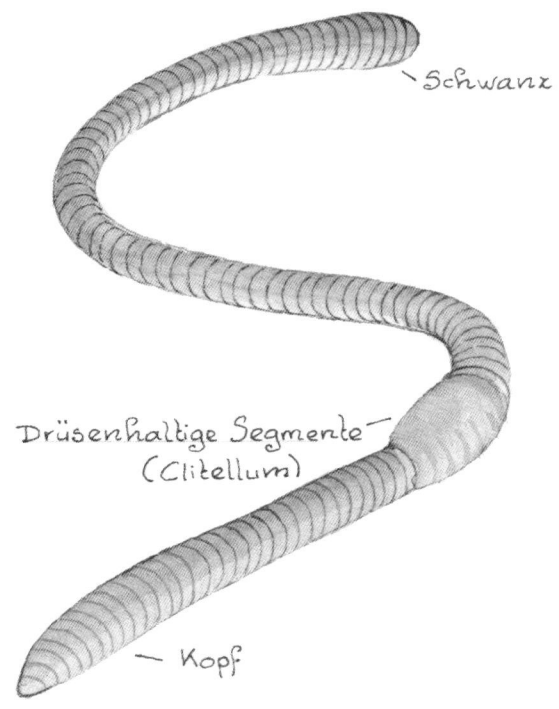

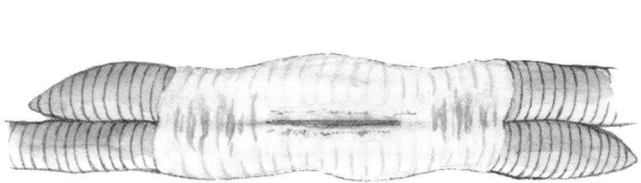

Die Paarung findet in warmen Nächten auf der Oberfläche der Erde statt. Zwei Würmer legen sich Kopf an Schwanz nebeneinander. Das Clitellum des einen Wurmes befindet sich dabei zwischen Clitellum und Kopf des anderen. Aus den Drüsen des Clitellums tritt dann Schleim aus, der beide Würmer oft stundenlang umgibt. Die Regenwürmer tauschen Samen aus (Regenwürmer sind Zwitter) und trennen sich voneinander. Der Schleim, der noch an jedem Wurm klebt, wird über den Kopf hinweg abgestreift. Dabei gibt der Wurm am 14. Segment seine Eier in den Schleim und am 9. und 10. Segment die Samen des anderen Wurmes. Jetzt erst findet die Befruchtung statt. Der Schleim bildet eine Kokonhülle und schützt die Eier, indem er bald lederartig erhärtet.

Die jungen Regenwürmer schlüpfen nach zwei bis vier Wochen. Am Anfang haben sie nur wenige Körpersegmente, aber je älter sie werden, desto mehr Ringe kommen hinzu. Nach zwei bis drei Monaten erreichen sie die sexuelle Reife, mit etwa einem Jahr sind sie ausgewachsen.

Im Volksglauben spricht man den Regenwürmern eine erstaunliche Regenerationsfähigkeit zu: Aus einem kleinen Stück Regenwurm soll danach ein ganzer Wurm nachwachsen. Tatsächlich erholt sich der Wurm nur, wenn ihm ein nicht allzu großes Stück Schwanz abhanden kommt; dieses wächst wieder nach. Aus einem abgetrennten Schwanzende kann jedoch nie wieder ein vollständiger Wurm werden.

Die einheimischen Regenwürmer können etwa 25 cm bzw. 150 Segmente lang werden. Weltweit existieren 1.800 Arten. Eine in Australien lebende Art erreicht eine Länge von über drei Metern und wird dabei armdick!

Regenwürmer

Der Hahn und der Wurm

An einem Freitagmorgen sagte der Regenwurm nach dem Frühstück zu seiner Frau: „Hör mal, es wird mir hier unten zu muffig. Ich krieche ein wenig nach oben um Luft zu schnappen."
Die Regenwürmin hatte Angst: „Pass nur auf, dass dir nichts passiert. Du weißt doch, die Hühner dort oben sind so roh und rücksichtslos."
„Was passiert, passiert", sagte der Regenwurm achselzuckend und verabschiedete sich von seiner Frau. Die schaute ihm leise weinend nach, bis er hinter einer Biegung des Ganges verschwand.
Im Hühnerstall regte sich zur gleichen Zeit der Hahn über sein Futter auf. „Ich bin den ewigen Körnerfraß leid. Ich suche mir draußen selbst etwas zu essen. Wann hatte ich den letzten Regenwurm?", schimpfte er.
„Zu Pfingsten", antwortete seufzend sein Lieblingshuhn. Da warf der Hahn die Tür hinter sich zu und ging auf den Hof.
Der Regenwurm war mittlerweile oben angelangt und hatte gerade das Loch verlassen. „Oh Schreck, ich bin verloren!", murmelte er entsetzt, als er den Hahn sah, der soeben die ersehnte Leckerei erspäht hatte und eilig auf ihn zukam.
Schon bückte sich der Hahn, um sein Opfer zu verschlingen – da richtete sich der Regenwurm zu seiner vollen Länge kerzengerade auf und rief dem Hahn entgegen: „Na, hören Sie mal, ich bin eine Stricknadel!"
Der Hahn prallte zurück. Da er nicht gerne Stricknadeln mochte, stammelte er verlegen: „Dann entschuldigen Sie bitte die Verwechslung", machte eine kleine Verbeugung und ging weiter.
Der Wurm aber lachte sich ins Fäustchen.

(nacherzählt nach Hermann Harry Schmitz)

Regenwürmer sammeln

Die meisten Kinder haben keine Angst, einen Regenwurm anzufassen. Und wem das doch zu eklig ist, der nimmt einfach ein Stöckchen zur Hilfe. Immer sollten die Kinder aber darauf achten, die schleimige Oberfläche der Würmer nicht zu zerstören – die Tiere würden dadurch anfälliger für Krankheiten und Austrocknen.

Material: 1 Marmeladenglas für jedes Kind, evtl. Schaufeln
Alter: ab 3 Jahren

Regenwürmer mögen feuchte (nicht nasse!) Stellen unter alten, modernden Holzstämmen oder unter Steinen im Garten und können dort in der warmen Jahreszeit einfach eingesammelt werden. In Komposthaufen fühlen sie sich ebenfalls „wurmwohl" – dort können die Kinder mit Schaufeln nach den Würmern graben. Aber Vorsicht – nicht die Würmer zerstechen! Auch ein Regenspaziergang eignet sich sehr gut, um eine Regenwurmsammlung zu beginnen. Eine ganz besondere Art, an Regenwürmer zu kommen, ist das Regenwurmtrampeln (s. *Regenwürmer trampeln*). Wer sammelt die meisten Würmer? Wer nun gar keine Regenwürmer in der Natur findet, kann sie auch im Angler- oder Tierladen kaufen. Regenwürmer halten es durchaus einige Wochen im Kühlschrank aus, wenn man regelmäßig nachschaut, ob sie noch feucht genug, aber nicht nass, sind – aber diese Art von Tierhaltung sollte die Ausnahme bleiben!

Regenwürmer trampeln

Regenwürmer tragen ihren Namen, weil sie oft bei Regen auf der Erde zu finden sind. Dabei mögen sie den Regen gar nicht: Wenn das Wasser im Boden abläuft und sich in ihren Röhren sammelt, könnten sie ertrinken. Daher flüchten die Würmer an die Oberfläche.
Regenwürmer kommen auch ans Tageslicht, wenn sie durch starke Bodenerschütterungen erschreckt werden. Manche Menschen glauben, dass sich Schritte auf dem Boden für die Würmer wie dicke Regentropfen anhören, die auf den Boden aufschlagen, und dass sie deshalb beim Regenwürmertrampeln ihre Röhren vorsichtshalber verlassen.
Pro Quadratmeter Acker leben übrigens etwa zehn Würmer.

Material: Wiese oder Acker
Alter: ab 3 Jahren

Die Kinder verteilen sich auf der Wiese oder dem Acker, sie sollten etwa eine Armlänge voneinander entfernt stehen. Sie hüpfen, springen, trampeln, rennen auf der Stelle – und wie herbeigezaubert kriechen nach zwei bis drei Minuten die Regenwürmer aus dem Boden. Vorsicht, dass keiner unter die Füße kommt!

Hinweis: Manchmal passiert übrigens das Gleiche, wenn die Kinder einfach ein Kreisspiel auf der Wiese spielen!

Regenwürmer

Regenwurmglas

Schmale hohe Gläser eignen sich am besten, weil die Gänge der Regenwürmer so am besten von außen zu beobachten sind. Nur Regenwürmer einsetzen, die dick und lang sind und die ein ausgeprägtes Clitellum haben – die sind am fittesten!

Material: großes, hohes Glas oder Terrarium, Gartenerde, Laub aus der Bodenstreu, Sprühflasche mit Wasser, schwarzer Tonkarton, Gummiband, Regenwürmer
Alter: ab 3 Jahren

Das Glas oder Terrarium mit Wasser reinigen und mit Erde bis knapp unter den Rand füllen. Je nach Größe des Behälters 1–3 Regenwürmer einsetzen und zuschauen, wie sie sich in die Erde vergraben. Die Oberfläche mit Laub aus der Bodenstreu bedecken und alles mit Wasser leicht anfeuchten.
Den Tonkarton um das Glas legen und mit dem Gummi befestigen. Nur so erreicht man, dass die Würmer ihre Gänge auch wirklich bis zu den Glaswänden bauen.
Zur Beobachtung den Karton entfernen (aber hinterher wieder anbringen!).

Morgens schauen die Kinder nach, ob die Regenwürmer gefressen haben: Das Laub ist dann an einigen Stellen in die Röhren hineingezogen. Außer Blättern eignen sich als Futter die Reste aus dem Kaffeefilter oder alten Teebeuteln, Brotkrümel oder fein gemahlenes Trockenfutter für Hunde oder Katzen. Dieses zusätzliche Futter einmal wöchentlich dünn (!) über die Laubstreu verteilen.
Regelmäßig feucht halten.
Nach zwei bis drei Wochen spätestens sollten die Kinder den Würmern die Freiheit schenken. Tschüss, Würmer!

Gartenerde
Sand
Lehm
Gartenerde
Sand

Erde umwälzen

Regenwürmer schichten bei ihrer Grabtätigkeit die Erde um. Charles Darwin beobachtete, dass von einem besonders steinigen Acker nach einigen Jahren, in denen er brach lag, alle Steine von der Erdoberfläche verschwunden waren – die Würmer hatten sie untergegraben.

Material: s. *Regenwurmglas*, verschiedene Erdsorten (z. B. Sand, Lehm, Gartenerde)
Alter: ab 4 Jahren

Die Kinder legen ein Regenwurmglas an, füllen dabei aber die verschiedenen Erdsorten in mehreren Schichten ein.
Sie beobachten über mehrere Tage oder Wochen hinweg, wie schnell die Würmer die Erdschichten auflösen und die Erdsorten vermischen.

Hinweis: Dazu kann es nützlich sein, die Trennlinien zwischen den Erdschichten am Anfang mit einem Edding auf dem Glas nachzuziehen.

Regenwürmer

Kratz, kratz

Regenwürmer gehören zu den Wenigborstern: Sie tragen an jedem Körperring vier kurze Borsten, die mit dem Auge nur bei genauem Hingucken zu sehen sind. Mit gespitzten Ohren können die Kinder die Borsten aber auch hören ...

Material: Regenwurm, ein Bogen Papier
Alter: ab 4 Jahren

Den Regenwurm legen die Kinder auf den Bogen und hören genau hin: Die Borsten kratzen über das Papier, wenn der Wurm sich davon schlängelt.
Im Erdreich helfen die Borsten dem Wurm bei der Fortbewegung, indem sie ein Zurückrutschen verhindern.
Wenn die Kinder vorsichtig einen Wurm von hinten nach vorn durch die Finger ziehen, können sie die Borsten vielleicht sogar spüren.
Bei dieser Gelegenheit lässt sich die Fortbewegung der Würmer gut beobachten: Beim Kriechen dehnen sich die Körpersegmente aus und ziehen sich wieder zusammen.

Regenwürmer basteln

Regenwürmer lassen sich prima aus allem herstellen, was lang und dünn und eventuell zum Auffädeln geeignet ist.

Strickliesl-Regenwurm

Material: Strickliesl, Wolle in beliebigen Farben, zwei kleine schwarze Perlen, Nadel und Faden, Schere
Alter: ab 5 Jahren

Einen langen Strickliesl-Wurm anfertigen – diese Arbeit können sich auch mehrere Kinder teilen. Die schwarzen Perlen als Augen aufnähen.

Tipp: Eine Strickliesl lässt sich kinderleicht aus einer alten Zwirnrolle herstellen, in die vier Nägel mit kleinen Köpfen geschlagen werden.

Regenwürmer

Regenwürmer aus Papprollen

Material: Papprollen von Klo- oder Haushaltspapier, Fingerfarben oder Kreppapier und Klebstoff, Schnur
Alter: ab 3 Jahren

Papprollen mit Fingerfarben bemalen oder mit Krepppapier bekleben. Im letzteren Fall eine der Rollen besonders dick umwickeln, das ist das Clitellum. Eine Rolle mit zwei Augen versehen. Trocknen lassen, auf eine Schnur auffädeln und aufhängen oder zum Spielen an einer Schnur hinterherziehen.

Regenwurm aus Perlen

Material: viele gleich große und eine dickere Perle, Schnur
Alter: ab 3 Jahren (mit Variante)

Die Perlen auffädeln, irgendwo im vorderen Drittel auch die dicke Perle als Clitellum. Schnurenden jeweils hinter der ersten und vor der letzten Perle verknoten und den fertigen Wurm in die Tierlandschaft (s. S. 62) setzen.

Variante: Statt Perlen Penne oder ähnliche Nudeln aufziehen.

Tunnel-Spiel

Regenwürmer kriechen rückwärts in ihre Röhren zurück, während sie ihr Futter mit dem Mund festhalten.

Material: 2 gleich lange Kriechtunnel (oder als Ersatz zwei Tunnel aus mehreren großen Pappkartons), große Blätter (z. B. Platane oder Kastanie)
Alter: ab 3 Jahren

Die beiden Tunnel nebeneinander auf den Boden legen. An das eine Ende pro SpielerIn ein Blatt legen, an dem anderen Ende stellen sich die Kinder in zwei gleich großen Gruppen auf. Auf das Startsignal hin kriecht das erste Kind jeder Gruppe durch den Tunnel, nimmt ein Blatt vom Haufen und krabbelt rückwärts wieder zurück. Sobald es angekommen ist, ist das zweite Kind an der Reihe, so lange, bis alle Kinder dran waren. In welcher Gruppe sind die schnellsten Blättersammler?

Socken-Theater

Material: alte Socken, dicke Perlen, Nadel und Faden, Schere, beliebige andere Handpuppen und Zubehör
Alter: ab 4 Jahren

Die Socken dienen als Regenwurm-Handpuppen: Jeweils zwei dicke Perlen als Augen aufnähen – und schon kann´s los gehen!
Eine Sofalehne oder Tischkante wird zur Bühne (vielleicht ist ja auch ein richtiges Puppentheater vorhanden), ein Kind darf für die Beleuchtung mithilfe einer Stehlampe sorgen, je nach aufgeführtem Stück liegen zusätzliche Handpuppen und Zubehör bereit, die Vorstellung beginnt!
Vielleicht möchten die Kinder die Geschichte vom Hahn und dem Wurm aufführen (s. S. 96). Oder sie lassen sich etwas eigenes einfallen: Wie der Regenwurm einmal seinem Schwanzende begegnete und sich verliebte (mit zwei gleichen Socken!), wie er fast vom Frosch gefressen wurde, der schon seinen Schwanz im Maul hatte, und wie der Regenwurm dieses Tauziehen doch noch gewann, wie der Gärtner mit seiner Schaufel aus einem Regenwurm zwei machte, was sehr praktisch war, weil der Kopf in die eine Richtung wollte und der Schwanz in die andere.

Tipp: Zusätzliche Figuren, die nicht als Handpuppen zur Verfügung stehen, einfach auf dicke Pappe malen, ausschneiden und von hinten einen Stock zum Führen der Puppe ankleben.

Von Netzen und anderen Spinnereien – Spinnentiere

Menschen mit einer ausgeprägten Spinnenangst haben es schwer: Spinnen lauern wirklich überall. Laufspinnen krabbeln durchs Laub, Baldachinspinnen spannen klebrige Fallen zwischen Grashalme, bunte Krabbenspinnen sitzen in Blumen. Spinnen leben unter der Baumrinde, in Erdlöchern und im Wasser. Sie haben fast jede Gegend von der Arktis bis zu den Tropen besiedelt und Zitter- und Hauswinkelspinnen sitzen sogar in unseren Kellern und hinter unseren Wohnzimmerschränken. Auf einer Herbstwiese führt uns der Tau vor Augen, wie viele kleine Spinnen dort dicht an dicht an ihren Netzen weben. Und genau deswegen sind sie so wichtig: Alle Spinnen gemeinsam verspeisen täglich Tonnen von Insekten und leisten damit einen entscheidenden Beitrag zum ökologischen Gleichgewicht.

Wer seine Spinnenangst einmal überwindet, kann eine Welt von Jägern, Baumeistern und Tarnkünstlern entdecken. Aus eigener Erfahrung können wir sagen: Die Beschäftigung mit der Welt der Spinnen ist das beste Mittel, um Spinnenangst unter Kontrolle zu bekommen!

Die meisten Leute werfen Spinnen und Insekten in einen Topf. Aber obwohl beide Gruppen zu den Gliedertieren zählen und z.B. das Außenskelett gemeinsam haben, gibt es doch wichtige Unterschiede: Insekten haben immer sechs Beine, einen dreigeteilten Körper und Fühler; Spinnen dagegen haben acht Beine, einen zweigeteilten Körper und Spinndrüsen. Die weitläufige Verwandtschaft der Spinnen bilden die Spinnentiere. Dazu gehören die Zecken, Milben, Weberknechte und Skorpione.

Die acht Beine der Spinnen befinden sich am Vorderkörper. An ihren Spitzen tragen sie Klauen, an denen wiederum besonders gestaltete Härchen sitzen. Mit ihrer Hilfe können Spinnen auch kopfüber an Decken krabbeln. Über ihren Kopf verteilt haben Spinnen bis zu acht Augen. Ihre Anordnung und Größe verrät, zu welcher Spinnenfamilie ein Tier gehört. Die Augen der meisten Spinnen nehmen besonders Bewegungen und Helligkeitsunterschiede wahr, Einzelheiten kann die Spinne damit nicht unterscheiden.

Ebenfalls am Kopf befinden sich die Kiefertaster und die giftigen Greifzähne. Spinnen haben eine besondere Fresstechnik: Die Beute wird mit einem Giftbiss überwältigt und/oder in Seide eingesponnen. Anschließend spuckt die Spinne Verdauungssaft aus ihrem Darm über die Beute oder spritzt sie ihr beim Biss ein. Der Saft löst das Körpergewebe des Beutetieres auf und die Spinne muss das verflüssigte Gewebe nur noch aufsaugen. Die männlichen Spinnen kann man übrigens an den besonders großen und dicken Kiefertastern erkennen. Sie tragen damit die Spermienpakete, mit denen sie die weiblichen Spinnen befruchten.

Jede Spinnenart stellt Spinnfäden her, und zwar mehrere Sorten:

- Die *Wegfäden* dienen allen Spinnen als Sicherheitsleine, die sie immer hinter sich her schleppen. Aus Wegfäden bauen Radnetzspinnen auch den Rahmen und die Speichen ihres Netzes. Wegfäden kleben nicht.

Spinnentiere

- Ihre Eier hüllt die Spinne mit *Kokonfäden* ein um die empfindlichen Eier zu schützen. Die großen Laufspinnen, die im Wald leben, tragen den Kokon sogar mit sich herum. Manchen Spinnen dienen Kokonfäden auch zum Bau von Wohngespinsten.

- Die dünnen *Anheftungsfäden* entstehen aus einer zähflüssigen Seide. Aus ihnen bestehen alle Verankerungs- und Knotenstellen. Im Vergleich mit einem ähnlich dünnen Stahlfaden wären die Spinnfäden übrigens stärker!

- Die Spiralen der Spinnennetze werden aus den klebrigen *Fangfäden* gewebt. Sie halten die Beute im Netz fest. Die klebrige Spirale wird täglich erneuert.

- *Beutefesselfäden* benutzt die Spinne, um ihre Beute am Entkommen zu hindern oder um sie „einzulagern". Wenn die Spinne sich zu Tisch begibt, frisst sie die Beutefesselfäden wieder mit auf – so wird kein Material verschwendet.

Jede Fadensorte hat ihre eigene spezialisierte Spinndrüse. Die Spinndrüsen befinden sich am hinteren, unterem Ende des Hinterleibs. Sie sind beweglich wie der Schwenkkopf einer Küchenarmatur und können in alle Richtungen gedreht werden. Die Seide tritt flüssig aus den Drüsen aus und härtet erst an der Luft; die Spinne kann die Dicke der Fäden über Ventile an den Drüsen bestimmen.

Überall, wo es Insekten gibt, gibt es auch eine Spinne, die sie jagt; besonders auf Fliegen, Käfer und Schmetterlinge haben sie es abgesehen. Außerdem fressen sie Asseln und Tausendfüßer und die Wasserspinne sogar kleine Fische und Kaulquappen. Wenn nötig, können Spinnen aber auch sehr lange fasten: Beim Überwintern kommen manche Arten bis zu 200 Tage ohne Nahrung aus.

Spinnen selbst müssen sich vor Wespen, Kröten, Vögeln und Eidechsen in Acht nehmen.
Und die größten Feinde der Spinnen sind – andere Spinnen!

Unter Kindern und Erwachsenen kursiert immer noch das Gerücht, dass die dicken Gartenkreuzspinnen, die man besonders im Herbst überall findet, giftig und gefährlich seien. Tatsächlich können die meisten einheimischen Spinnen mit ihrem Biss nicht einmal unsere Haut durchdringen. (Einzige Ausnahmen sind die Wasserspinnen und die seltene Dornfingerspinne, die schmerzhaft beißen können.) Gefährlich sind nicht einmal die riesigen Vogelspinnen – ihr Biss verursacht normalerweise nicht mehr Probleme als ein Wespenstich. Da müssen die Vogelspinnen sich schon eher vor den Menschen in Acht nehmen: In ihrer südamerikanischen Heimat werden sie nämlich gerne auf dem Feuer geröstet und gegessen.

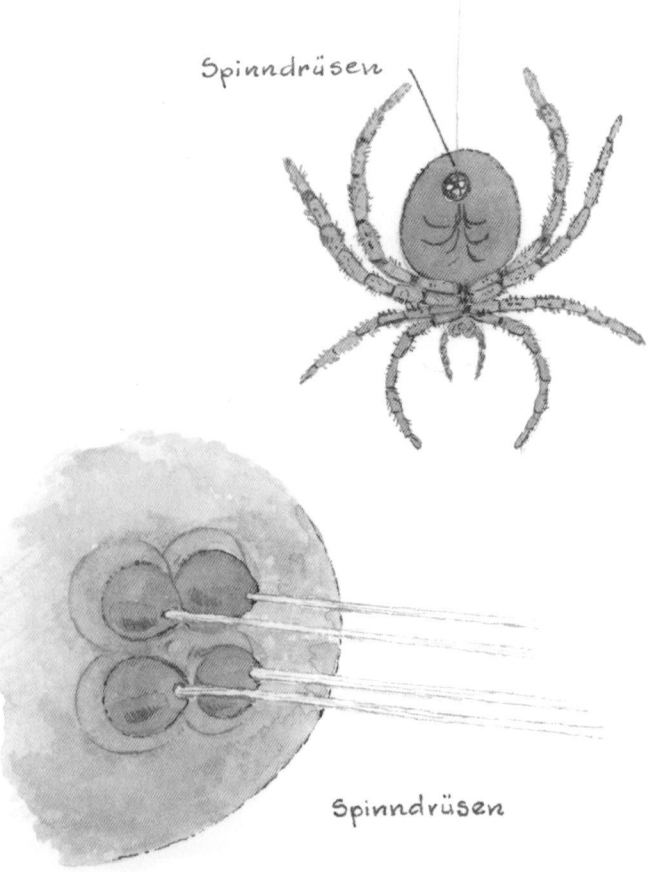

Spinnentiere

Die Spinne

Als die Spinne auf die Erde kam, freute sie sich sehr an ihr. Sie lief in den klaren Morgen, in die weite Wiese hinein, und alles fand sie gut und schön, sich selbst nicht ausgenommen. Aber mit jedem Wesen, dem sie begegnete, wurde ihre Freude geringer. Die Käfer entrüsteten sich, weil sie acht Beine hatte, den Tausendfüßlern waren die acht zu wenig, ein Wurm fand, sie laufe wie ein Gespenst, der Schmetterling sagte, dass ihm noch nie ein Tier so grausam geschienen habe, und der Mensch rief „pfui" und wollte sie zertreten. Endlich war die Spinne so traurig und verwirrt, dass sie sich unter ein Blatt verkroch, und sie wäre dort geblieben, hätte nicht der Hunger sie herausgelockt. Sie mochte jedoch so eilig zupacken, wie sie konnte, mit den Käfern wurde sie nicht fertig, und so rasch sie auch ihre acht Beine trugen, sie halfen ihr nicht zu der kleinsten Mücke.

Am Abend beschloss die trostlose Spinne, wieder in den Himmel zurückzukehren. Der Himmel ist oben, dachte sie, also lief sie mit ihren letzten Kräften eine Fichte hinauf. Aber auf dem ersten Ast saß ein Vogel, und als sein Schnabel auf sie losfuhr, verlor sie den Mut und die Besinnung und ließ sich in die Tiefe fallen. Von der Morgensonne geweckt, fand sie sich an einem feinen Faden hängen, der aus ihrem Leibe kam. Unverdrossen folgte sie diesem neuen Weg nach oben, bis sie an die Stelle kam, wo sich eine Mücke gefangen hatte, und wo sie erkannte, wie der Himmel es mit ihr meinte. Seitdem spinnt die Spinne ihre Netze grausam wie die Erde und wie der Himmel wunderbar.

(Hellmut von Cube)

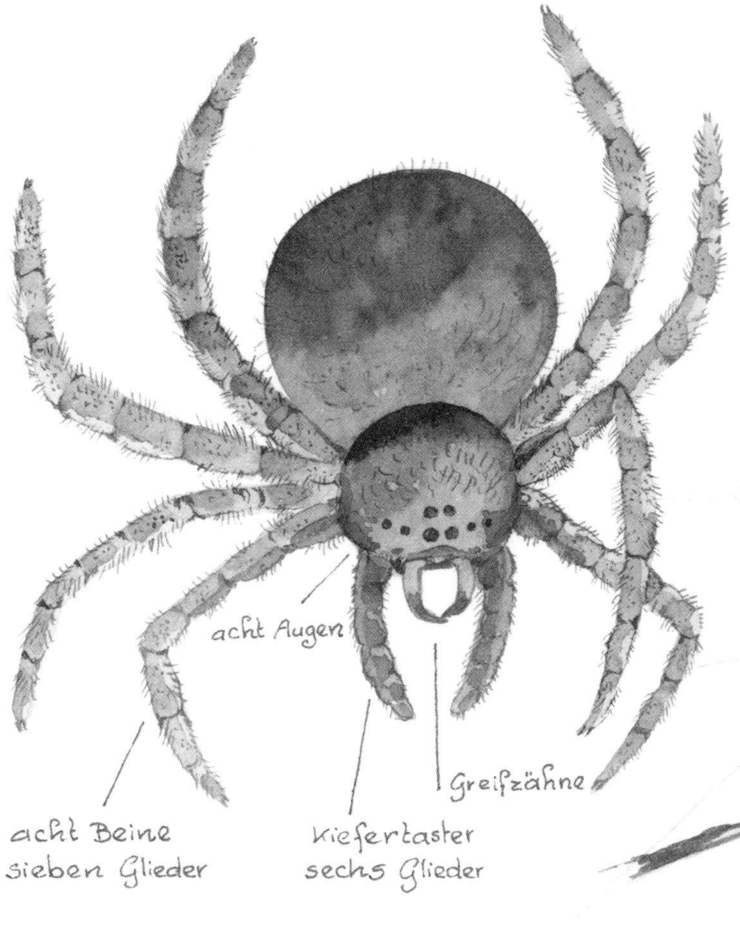

Spinnentiere

Spinnen-Exkursion

Eine Spinnen-Exkursion lohnt sich auch im Winter: Viele Spinnen überwintern in der Laubstreu in einer Kältestarre, sie ziehen dann die Beine eng an den Körper. Andere Spinnen sind aber auch im Winter unterwegs um auf Jagd zu gehen.

Material: je Kind ein Kissen und eine Plastiktüte, Becherlupen, evtl. Zahnarztspiegel (aus der Apotheke) und Bestimmungsbuch
Alter: ab 3 Jahren

Die Kissen zum Schutz vor Nässe in die Plastiktüten packen.
Auf der Laubstreu des Waldbodens bilden die Kinder einen Kreis und knien sich auf die Kissen.
Sie beugen sich nach vorne, bis die Nase fast die Laubstreu berührt, gucken genau hin und nehmen die Blätter vor sich einzeln weg: Mit Sicherheit entdeckt jedes Kind mindestens eine Spinne. Schnell mit der Becherlupe einfangen – oder wer sich traut, auch mit der Hand!
Wo könnten noch mehr Spinnen wohnen? Die Kinder erforschen alle Rindenritzen genau und schauen evtl. mit den Zahnarztspiegeln in kleine Wurzelhöhlen ...

Glitzernetze

Spinnennetze sind wahre Wunderwerke der Natur. Die meisten Radnetzspinnen bauen mindestens alle zwei Tage ein neues Netz. Dazu weben sie zuerst einen Rahmen aus nicht klebrigen Fäden, den sie an den umgebenden Pflanzen fest machen. Danach ziehen sie die Speichen von der Mitte nach außen und weben anschließend eine Hilfsspirale mit großen Abständen zwischen den Windungen. Erst ganz zuletzt kommen – von außen nach innen – die eigentlichen klebrigen Spiralfäden. Während die Spinne diese herstellt, frisst sie die Fäden der Hilfsspirale wieder auf. Insgesamt dauert der Netzbau etwa eine gute Stunde, die Spinne verarbeitet dabei ca. 30 m Seide.

Material: Sprühflasche mit Wasser
Alter: ab 3 Jahren (mit Variante)

Die Kinder gehen raus, auf die Suche nach Spinnennetzen. Jedes gefundene Netz besprühen sie mit Wasser – dann glitzern die Fäden wie im Morgentau und können besonders gut beobachtet (oder zum Vergleich fotografiert) werden.

Variante: Mehl von der Handfläche auf ein Netz blasen. Oder zwei alte Socken ineinander stecken, mit Speisestärke füllen und zubinden. Bei leichtem Klopfen auf dieses Säckchen rieselt das Stärkepulver heraus und macht unsichtbare Netze in Wiesen, Sträuchern und Hecken sichtbar...

Spinnentiere

Spinnennetze einfangen

Die freigespannten Netze, die bei jeder Spinnenart sehr exakt nach einem vorgegebenen Muster gesponnen werden, sind die Geheimwaffe der Spinnen, um den fliegenden Insekten auf den Leib zu rücken. Die Unterschiede im Netzbau lassen sich auf Pappe einfangen ...

Material: Spinnennetz, schwarze Pappe oder helle Pappe, Tinte und Sprühflasche mit Wasser, Haarspray, Bilderrahmen
Alter: ab 5 Jahren (mit Variante)

Die schwarze Pappe von hinten gegen das Spinnennetz führen, sodass es darauf kleben bleibt. Mit Haarspray fixieren und einrahmen. Wer es lieber bunt und ein bisschen deutlicher mag, sprüht das Netz vorher mit Tinte ein und benutzt eine helle Pappe.

Variante: Im Garten einen leeren Bilderrahmen senkrecht aufstellen. Bestimmt findet sich eine Spinne, die diesem Webrahmen nicht widerstehen kann und ihr Netz hineinspinnt!

Spinnennetz für Handwerker

Material: Holz- oder Styroporplatte, Nägel, Hammer, Wolle
Alter: ab 3 Jahren

Nägel in Holz oder Styropor schlagen und Wollfäden wie bei einem Spinnennetz um die Nägel wickeln. Eine gebastelte Spinne in das Netz setzen (s. S. 108).

Netzspinnen hältern

Netzspinnen sollten am besten draußen bewundert werden. Falls die Kinder sie doch näher beobachten möchten, sind einige wenige Tage für die Spinne reichlich. Da sich Spinnen untereinander spinnefeind sind, sollten sie immer einzeln gehalten werden.

Material: Aquarium mit Deckel, Kies oder Sand, Stöcke, Schwamm, Schere, Marmeladenglasdeckel, Netzspinne
Alter: ab 3 Jahren (mit Hilfe eines Erwachsenen)

Aquarium mit Wasser reinigen und den Boden mit einigen Zentimetern Kies oder Sand bedecken.

Netzspinnen

Es gibt etwa 12.000 Arten von Radnetzspinnen (und insgesamt etwa 34.000 Spinnenarten) auf der ganzen Welt. Meist ist das Weibchen größer und langlebiger als das Männchen. Die Männchen bauen nur während ihrer Jugend Netze. Mit der sexuellen Reife gehen sie auf die Suche nach einem paarungsbereiten Weibchen. Das Liebesspiel ist risikoreich, denn nach der Paarung wird so manches Männchen von seiner Partnerin gefressen. Weibchen spinnen ihr ganzes Leben lang Netze, denn sie benötigen das Eiweiß der Insektenbeute, um Eier zu produzieren.

Spinnentiere

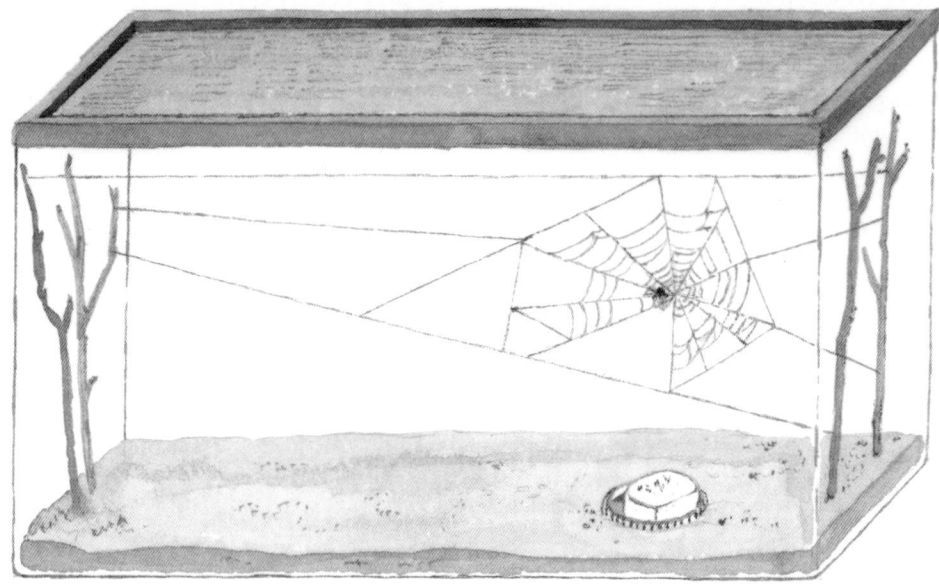

An den Seitenwänden Stöcke in den Kies stecken, sie dienen als Befestigungspunkte für das Netz.
Den Schwamm so zuschneiden, dass er in den Marmeladenglasdeckel passt, anfeuchten und als Tränke auf den Kies stellen. Spinne einsetzen.
Täglich ein lebendes Insekt (s. Insektenfallen im Kapitel „Die Welt der Kleinen") in das Aquarium geben bzw. direkt in das Netz werfen und die Spinne in Aktion bewundern.

Weberknechte hältern

Weberknechte sind keine richtigen Spinnen, gehören aber wie diese zu den Spinnentieren. Sie sind von den Spinnen leicht zu unterscheiden, weil ihr Körper nicht zweigeteilt, sondern rund und wie aus einem Stück ist. Außerdem haben sie extrem lange Beine. Damit diese nicht abbrechen, sollten die Kinder sie mithilfe eines Glases oder einer Becherlupe fangen. Weberknechte werden nur etwa ein Jahr alt, deshalb sollte ihr Gastspiel bei den Kindern kurz sein!

Material: kleines Aquarium mit Deckel, Erde, Laubstreu, Schwamm, Schere, Marmeladenglasdeckel, Brett, Sprühflasche mit Wasser, Weberknecht
Alter: ab 3 Jahren (mit Hilfe eines Erwachsenen)

Aquarium mit Wasser reinigen. 2–3 cm Erde einfüllen und mit einer dünnen Lage Laubstreu bedecken. Tränke (s. *Netzspinnen hältern*, S. 105) zweimal wöchentlich erneuern. Weberknechte mögen senkrechte Flächen, deshalb ein Brett (z. B. ein Frühstücksbrettchen) an die Aquarienwand lehnen. Tier einsetzen. Deckel aufsetzen, aber an Luftlöcher denken. Täglich einmal leicht mit Wasser besprühen.
Weberknechte leben größtenteils räuberisch. Alle zwei Tage sollten sie ein lebendes Insekt bekommen (s. *Insektenfallen* im Kapitel „Die Welt der Kleinen"). Sie fressen aber auch tote Insekten und Pflanzensäfte, für Letzteres frische Zweige in Stücke brechen und auf die Laubstreu legen. Futterreste täglich entfernen.

Spinnentiere

Taucherspinne

Die Wasserspinne webt ein dichtes kuppelartiges Gespinst zwischen Wasserpflanzen in stehenden oder ruhig fließenden Gewässern. Dabei hält sie sozusagen die Luft an. Ist die Taucherglocke fertig, schwimmt die Spinne zwischen der Wasseroberfläche und ihrem Haus hin und her. Dabei bleiben Luftbläschen an speziellen Haaren ihres Körpers hängen, die sie dann unter der Taucherglocke mit ihren Beinen abstreift. Das macht sie so lange, bis die Kuppel mit Luft gefüllt ist. Dann zieht die Wasserspinne ein!

Material: Tonkarton in einer beliebigen Farbe, Schere, Klebestreifen, schwarzer Stift, Glas, Schüssel, Wasser
Alter: ab 4 Jahren

Aus dem Tonkarton zwei Streifen von etwa 10 x 4 cm schneiden.
Einen Streifen zu einem Ring zusammenkleben, das ist der Spinnenkörper.
Den anderen Streifen mittig in den Ring kleben, sodass die Enden wie Flügel aus dem Ring herausragen (s. Abbildung).
Beide Enden je dreimal einschneiden und die so entstandenen Spinnenbeinchen in Form biegen.
Mit dem Stift acht Augen aufmalen.
Eine hohe Schüssel mit Wasser füllen.
Die Kinder klemmen ihre Spinne so in das Glas, dass der Körper den Glasboden berührt und setzen es mit der Öffnung nach unten in das Wasser – und siehe da, die Spinne sitzt in ihrer Taucherglocke und wird nicht nass!

Springspinnen-Spiel

Springspinnen spinnen keine Netze, sondern erjagen ihre Beute, indem sie sie mit mächtigen Sprüngen überraschen. Auch auf der Flucht springen sie davon. Damit sie nicht daneben springen, haben sie vorne am Kopf zwei riesige Scheinwerferaugen. Eine australische Springspinnenart hat fast so scharfe Augen wie ein Adler!

Material: je Katapult zwei Eisstiele bzw. breite Holzstäbchen (gibt es im Bastelbedarf), ein Gummiband, einen Papierfetzen und einen Kronkorken, ein Blatt Papier, Stifte
Alter: ab 4 Jahren

Die Eisstiele aufeinander legen und an einem Ende fest mit dem Gummiband zusammenheften. Aus dem Papierfetzen ein Kugel knüllen und dicht beim Gummi zwischen die Eisstiele quetschen. Wenn jetzt das eine Hölzchen auf dem Boden liegt, ragt das andere federnd in die Höhe. Zum Schießen den Kronkorken als Springspinne auf die Spitze des federnden Eisstieles legen, den Stiel nach unten drücken und plötzlich nach oben schnellen lassen.
Auf das Papier eine Fliege, einen Käfer oder etwas Ähnliches malen und in die Mitte legen. Jedes Kind erhält ein Katapult mit Springspinne. Alle stellen ihre Katapulte in gleichem Abstand zur Beute auf. Welche Spinne fängt die Beute?

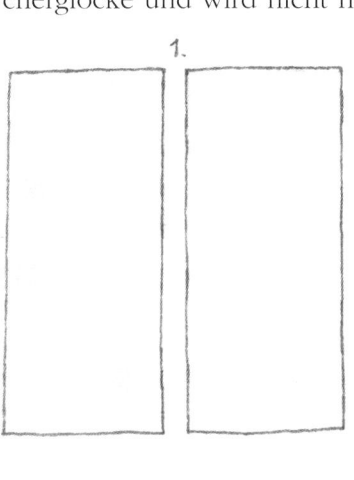
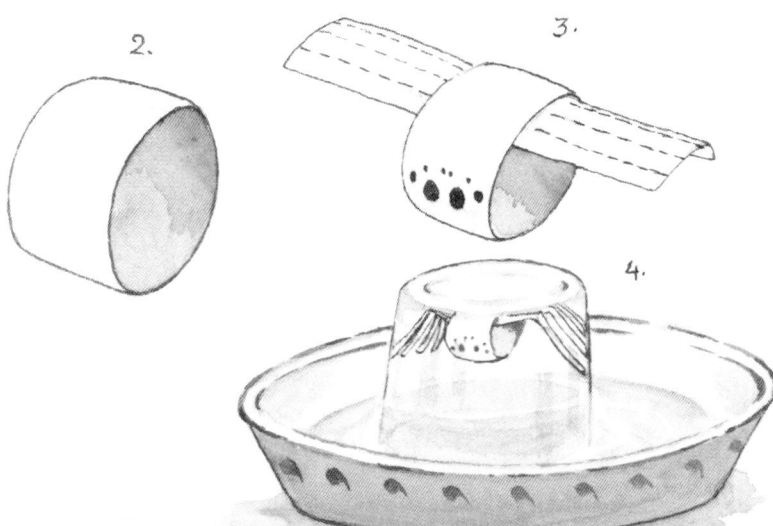

Spinnentiere

Springspinne

Material: Hutgummi (ca. 30 cm), Schere, Knete (selbst gemachte Knete s. S. 85), kurze dünne Zweige, evtl. Bucheckern, Steinchen oder kleine Beeren
Alter: ab 3 Jahren

Ein Ende des Hutgummis um einen kurzen Ast knoten und mit der Knete einen Spinnenkörper um diesen Anker herum formen. Dünne Zweige als Beine in die Knete stecken. Nach Belieben aus anders farbiger Knete, Bucheckern oder Steinchen bis zu acht Augen ankleben. Spring, Spinne!

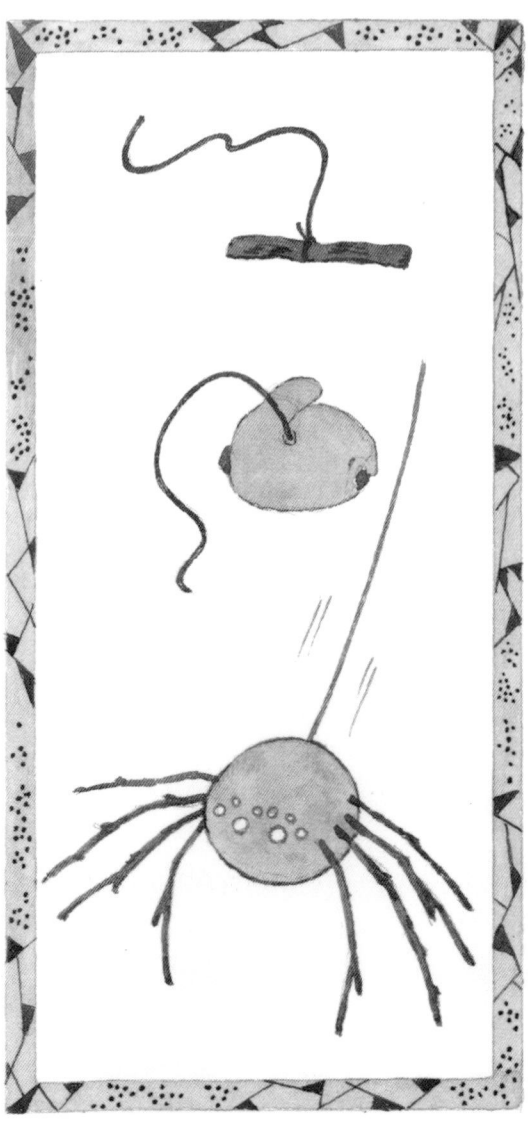

Spinnen-Fangen

Bestimmt ist den Kindern bei der Beobachtung der Spinnen schon aufgefallen, dass diese Tiere immer nur ein kurzes Stück laufen und dann erst mal eine Pause machen, bevor sie wieder ein kurzes Stück laufen. Das hängt mit der schmalen Taille zusammen, die Vorder- und Hinterleib verbindet: Dieser Engpass verhindert, dass die Spinne immer mit genügend Energie zum Laufen versorgt wird – daher die Pausen. Die Beutetiere in diesem Spiel freuen sich darüber!

Material: Straßenkreide oder eine andere Spielfeldmarkierung
Alter: ab 4 Jahren

Ein relativ kleines, viereckiges Spielfeld markieren – die Kinder sollten nicht zu weit voneinander weg laufen können.

Spinnentiere

Ein Kind ist die Spinne, alle anderen sind die Beutetiere – Fliegen, Käfer und viele andere Kribbel-Krabbel-Tiere. Zu Beginn des Spiels stehen die Spinne in der Mitte und die Beutetiere dicht um sie herum. Die Spinne zählt laut und nicht zu schnell bis drei: In dieser Zeit rennen die Tiere schnell weg. Bei „drei" müssen sie jedoch stehen bleiben!

Die Spinne darf nun ihrerseits drei Sprünge machen. Sie sucht ein Beutetier aus, das nah genug bei ihr steht, und versucht es mit den drei Sätzen zu erreichen. Gelingt das, tauschen Spinne und Beute die Rollen. Alle Kinder behalten ihre Standorte bei und die neue Spinne zählt wieder bis drei.

Gelingt der Spinne der Beutefang nicht, muss sie erst wieder bis drei zählen und hat dann einen neuen Versuch.

Spinne im Netz

Spinnen im Spinnennetz haben ihre Fäden fest im Griff: Sie ziehen an den Speichenfäden ihres Netzes und ertasten am Gewicht, wo ihnen Beute ins Netz gegangen ist. Je nach Beutetier eilt die Spinne hin und spinnt das Opfer in einen Seidenkokon ein oder tötet es durch einen raschen Biss. Britische Forscher berechneten, dass ihre einheimischen Spinnen gemeinsam jedes Jahr Insekten im Gesamtgewicht aller Einwohner Großbritanniens vertilgen. Dabei entkommen jedoch 80 % aller Insekten, die sich in ein Netz verirren!

Material: Wolle, Schere, evtl. Augenbinde
Alter: ab 3 Jahren (mit Variante ab 4 Jahren)

Ein Kind steht als Spinne im Raum und wird vernetzt: Die Spielleitung befestigt Wollfäden an den Händen und Füßen, Armen und Beinen, um den Kopf, um Brust und Bauch herum – je älter das Kind, desto mehr Fäden! Die anderen Kinder stehen im Kreis um die Spinne herum und halten die Enden der Fäden in der Hand.

Auf das Signal der Spielleitung hin zupfen ein oder mehrere Kinder ganz leicht an ihren Spinnenfäden. Errät die Spinne, an welchem Faden ihr Beute ins Netz gegangen ist?

Tipp: Die Fäden mithilfe von Wäscheklammern an der Kleidung befestigen – geht ganz schnell!

Variante ab 4 Jahren: Mit Wollfäden ein Spinnennetz quer durch das Zimmer spinnen. Ein Kind stellt sich an die Mitte des Netzes, packt die Stelle, an der sich die Speichen des Netzes kreuzen, mit den Händen und schließt die Augen. Ein anderes Kind versucht nun, leise, still und heimlich durch das Spinnennetz auf die andere Seite des Raumes zu klettern. Die Spinne folgt (immer noch mit geschlossenen Augen) den Schwingungen der Fäden bis zu ihrer Beute – erwischt sie sie noch rechtzeitig?

Wenn die Spinne ihre Beute fängt, tauschen die Kinder die Rollen. Wenn nicht, ist sie noch einmal an der Reihe.

Leben im Verborgenen – Asseln, Tausendfüßer & Co.

*Ohne Zeitung,
ohne Klavier,
ohne alles Gequassel
lebt sie,
ein kleines, bescheidenes Tier.*

*Hinter Konservendosen und so
lebt sie
und ist auf ihre Art froh:
die Kellerassel in Kassel.*

Josef Guggenmos

Unter unseren Füßen existiert eine verborgene Welt, die wir fast nie zu Gesicht bekommen. Ihre Bewohner sind klein und unauffällig, halten sich tagsüber versteckt und kommen erst nachts heraus, um ihren heimlichen Geschäften nachzugehen. Es ist ein vielfältiges Völkchen: Asseln, Ohrwürmer, Hundert- und Tausendfüßer – um nur die größten zu nennen – und viele mehr. Mit geringem Aufwand können Kinder und Erwachsene ihnen auf die Schliche kommen.

Asseln

Am häufigsten vertreten und daher auch am ehesten zu finden sind die Asseln. Sie leben unter Blumentöpfen auf dem Balkon, in feuchten Kellern, unter Steinen im Garten und unter modernden Baumstämmen im Wald. Asseln gehören zu der großen Familie der Krebstiere. Sie sind die einzigen Krebstiere, die an Land leben (es gibt auch eine weit verbreitete Wasserassel). Aber wie ihre Verwandten im Wasser atmen sie immer noch mit Kiemen, die sie zwischen ihren Beinen tragen. Die Kiemenblättchen dürfen nie austrocknen, deshalb halten Asseln sich am liebsten da auf, wo es feucht ist.

Der Körper der Asseln ist in deutlich sichtbare Ringe gegliedert. Ihr Rückenpanzer mit den überlappenden Platten erinnert an eine Ritterrüstung. Sie haben auf jeder Seite sieben kleine Laufbeine, auf denen sie überraschend schnell wegflitzen, wenn man sie fangen will. Asseln werden bis zu 15 mm lang.

Asseln, Tausendfüßer & Co.

Ohrwürmer

Die armen Ohrwürmer haben einen schlechten Ruf: Viele kennen sie unter dem Namen „Ohrenkneifer". Im Volksglauben kriechen sie Schlafenden in die Ohren und zwicken dort kräftig in das Trommelfell. Wahrscheinlich kommt aber der Name „Ohrwurm" von „Nadelöhr", weil die Zangen am Hinterleib in ihrer Form an das Öhr erinnern. Von unseren einheimischen Arten hat übrigens kein Ohrwurm so kräftige Zangen, dass er damit Menschenhaut durchdringen könnte.

Tatsächlich sind Ohrwürmer nützliche Tiere, da sie Jagd auf Blattläuse und andere Schädlinge wie Raupen und kleine Fliegen machen. Sie packen sie während ihrer nächtlichen Jagdausflüge mit ihren Zangen und reichen sie über den Rücken hinweg zum Mund. Allerdings fressen Ohrwürmer auch modernde Pflanzenteile und verschmähen – sehr zum Ärger des Gärtners – auch Erdbeeren und andere weiche Früchte oder Blüten nicht. Trotzdem werden sie als natürliche Schädlingsbekämpfer mit speziellen „Ohrwurmhäusern" in die Gärten gelockt (s. S. 113).

Tagsüber schlafen Ohrwürmer in trockenen Verstecken zu Dutzenden zusammen. Erst im Herbst ziehen Männchen und Weibchen sich paarweise oder alleine in eine Erdhöhle zurück.

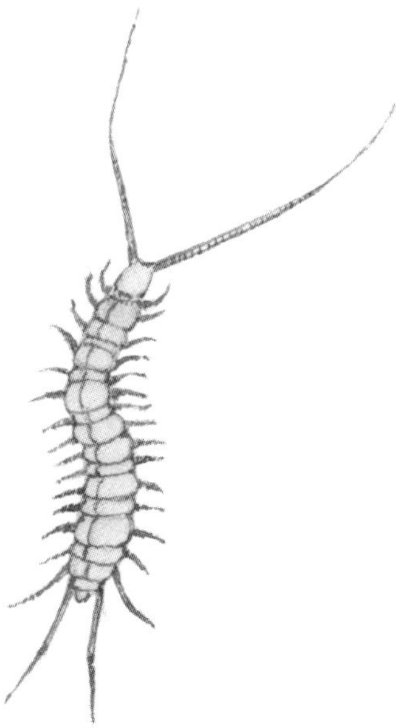

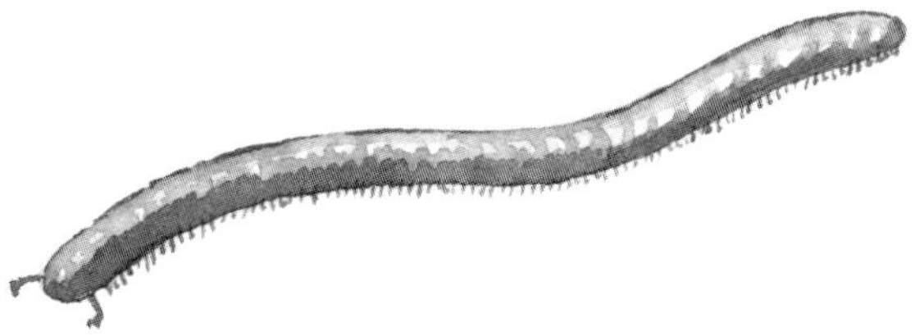

111

Asseln, Tausendfüßer & Co.

Nach der Paarung mit mehreren Männchen gräbt das Weibchen an einem sonnigen Februar- oder Märztag eine Brutröhre, die 5–8 cm tief schräg in die Erde führt. Dort legt sie 20 bis maximal 80 runde elfenbeinfarbige Eier. Sie bewacht sie wie eine Tigerin und greift Feinde durch Bisse oder Kneifen mit den Zangen an. Sie hält die Eier sauber und frisst alle gammeligen oder pilzbefallenen Eier.

Die Larven schlüpfen nach etwa drei Wochen. Zu diesem Zeitpunkt stirbt das Weibchen und dient seinen Kindern als erste Nahrung. Sobald die Larven größer werden, gehen sie in Nestnähe auf Jagd. Im Juli schließlich sind sie erwachsen und schließen sich mit anderen Ohrwürmern zu Schlafgesellschaften zusammen.

Ohrwürmer gehören zu den Insekten, sie haben also sechs Beine und kleine Flügel, die unter lederartigen Flügeldecken mehrfach zusammengefaltet sind. In Deutschland gibt es mehrere, weltweit über 900 Arten. Die einheimischen Arten werden bis zu 2 $\frac{1}{2}$ cm groß und leben nur ein einziges Jahr. Männchen und Weibchen lassen sich gut an der Form der Zangen unterscheiden: Bei den Männchen sind sie stärker gebogen als bei den Weibchen.

Tausendfüßer

Auch Tausendfüßer bevorzugen dunkle und feuchte Schlupfwinkel unter Steinen und im Laub und kommen nur nachts heraus. Sie haben einen schnurförmigen, runden Körper (bis zu 5 cm lang), der wie aus Ringen zusammengesetzt scheint; an jedem dieser Ringe tragen sie zwei Beinpaare, also vier Beine. Trotz ihres Namens hat kein einziger Tausendfüßer tatsächlich 1.000 Füße – die meisten Arten haben sogar weniger als 100!

Bei Berührung rollen Tausendfüßer sich wie eine Uhrfeder zusammen und können dann leicht aufgehoben werden. Zu ihren Feinden gehören Spinnen und Vögel. Sie sondern zur Verteidigung eine gelbe Flüssigkeit ab, die Fressfeinde mit ihrem strengen Geruch abstößt, von der menschlichen Nase jedoch nicht wahrgenommen wird und die auch nicht auf unserer Haut brennt. Tausendfüßer beißen nicht.

Zu den Tausendfüßern gehört auch der Saftkugler. Er ist recht kurz, nur etwa 10 mm lang, und hat nur 17 (Weibchen) bzw. 19 (Männchen) Beinpaare. Bei Gefahr rollt er sich zu einer glänzend schwarzen Kugel fest zusammen. Der Saftkugler kann mit der Rollassel verwechselt werden, die sich ebenfalls bei Gefahr zusammenrollt, aber an der Anzahl ihrer Beine und Körperringe lassen sie sich gut unterscheiden.

Hundertfüßer

Hundertfüßer sind eng mit den Tausendfüßern verwandt. Ihr Körper ist jedoch flach, nicht schnurrund, und sie haben nur ein Paar Beine an jedem Körperring. Sie leben räuberisch, fressen bei ihren nächtlichen Jagdausflügen Insekten, Spinnen, Würmer und Schnecken. Hundertfüßer sind bestens für die Jagd ausgerüstet: Sie haben Kiefer mit kräftigen Klauen und Drüsen, deren Gift die Beute lähmt, und können zusätzlich mit ihren starken Schwanzklauen zwicken. Für den Menschen sind die einheimischen Arten aber alle harmlos, sie können unsere Haut nicht durchdringen!

Hundertfüßer gehören zu den ältesten landlebenden Tieren: WissenschaftlerInnen fanden Fossilien von Hundertfüßern, die über 400 Millionen Jahre alt sind! Heute gibt es weltweit mehr als 3.000 Arten. Die bekannteste einheimische Art ist der Steinläufer. Er wird etwa 30 mm lang, ist kastanienbraun bis rötlich und läuft sehr schnell in schlangenförmigen Windungen. Der Steinläufer frisst am liebsten Asseln und Insektenlarven.

Asseln, Tausendfüßer & Co.

Leben in der Laubstreu

Schritt für Schritt sorgen die heimlichen Gesellen in der Laubstreu des Waldes dafür, dass pflanzliches und tierisches totes Material auseinander genommen, verdaut und als Nährstoffe dem Boden wieder zugeführt wird. Nur unter der Lupe sichtbare Tierchen wie Springschwänze und Milben fressen winzige Löcher in ein Blatt. Asseln und Saftkugler beißen große Löcher und Tausendfüßer und Ohrwürmer nagen das Blattgewebe von den Blattrippen ab, bis nur noch ein Blattskelett übrig bleibt. Den Rest erledigen Bakterien, Pilze und Würmer.
Doch die fleißigen Arbeiter leben in großer Gefahr: Spinnen, Laufkäfer und Hundertfüßer lauern in der Laubstreu und warten auf ihren Anteil am reich gedeckten Tisch.

Material: weißes Bettlaken, Laubstreu im Wald, Becherlupen
Alter: ab 3 Jahren

In einem Waldstück das Bettlaken auf dem Boden ausbreiten. Einen ganzen Haufen Laubstreu schnell mit den Händen auf das Laken schaufeln. Die Kinder setzen sich drum herum und tragen den Haufen wieder ab. Auf dem weißen Untergrund sind alle Bewohner der Laubstreu gut zu sehen, können mit den Becherlupen eingefangen und genauestens betrachtet werden.

Versteck bauen

Nicht jeder hat den Wald in der Nähe, um dort nach den kleinen Heimlichtuern zu suchen. Doch sie kommen gerne auch als unsere Gäste, wenn wir ihnen ein Versteck anbieten.

Material: alte Dachziegel, Blumentöpfe aus Ton oder Holzbrett
Alter: ab 3 Jahren

Die Dachziegel, einen umgestülpten Blumentopf oder ein Holzbrett auf die Erde im Garten oder auf den Balkon- oder Terrassenboden legen und nach einigen Tagen nachschauen, wer sich darunter eingefunden hat.
Oder einen Unterschlupf bauen, in dem sich neben den kleinen Gästen vielleicht sogar ein Igel einfindet: In einer Ecke des Gartens Holzklötze locker aufstapeln und mit Zweigen und Laub bedecken.

Ohrwurm-Haus

Es sind schon bis zu 100 Tiere auf einmal in solchen Verstecken gefunden worden.

Material: dicke Kordel, Tonblumentopf, Holzwolle oder Stroh, Maschendraht, Drahtschere bzw. Zange, Schnur
Alter: ab 5 Jahren

Die beiden Enden der Kordel miteinander verknoten und die so entstandene Schlaufe durch das Loch des Blumentopfes von innen nach außen führen; sie dient als Aufhängung. Der Knoten muss natürlich dicker sein als das Loch, damit er nicht herausrutschen kann!
Blumentopf mit Holzwolle oder Stroh füllen, Maschendraht mit der Schere passend zuschneiden (Randzugabe nicht vergessen!) und damit die Öffnung verschließen. Maschendrahtrand mit einem Stück Schnur von außen fest um den Blumentopf binden.
Die Ohrwürmer freuen sich, wenn ihr neues Zuhause in der Nähe leckerer Blattläuse hängt!

Asseln, Tausendfüßer & Co.

Ohrwürmer hältern

Material: großes Gurkenglas mit Deckel, Milchdosenpiekser, Erde, Rindenstücke, Sprühflasche mit Wasser, 2–3 Ohrwürmer
Alter: ab 3 Jahren

Das Glas mit Wasser reinigen. Mit dem Milchdosenpiekser kleine Löcher durch den Deckel stoßen – von innen nach außen, damit sich die Tiere nicht an den scharfen Kanten verletzen.
2–3 cm Erde einfüllen und Rindenstücke darauf legen.
Ohrwürmer hineinsetzen und das Glas verschließen.
Raumtemperatur, Raumlicht und Raumfeuchtigkeit sind für Ohrwürmer OK. Nur hin und wieder mit Wasser besprühen.
Ohrwürmer fressen Früchte, Blätter, Blumen und kleine Insekten wie Blattläuse und Motten. Nur jeden dritten Tag füttern.

Hinweis: Erde nur wechseln, wenn Schimmelpilze wachsen. Das passiert nicht so schnell, wenn die Erde vorher im Backofen sterilisiert wurde (s. Schnecken S. 90).

Ohrwurmspiel

Material: 2 Kisten, Körbe oder Kartons, etwa 20 Gegenstände aller Art als „Blattläuse"
Alter: ab 4 Jahren

Je zwei Kinder bilden einen Ohrwurm, indem sie sich Po an Po auf dem Rücken auf den Boden legen und die Füße seitlich vom Oberkörper ihres Partners abstellen. Die Arme des einen Kindes sind nun die Zangen am Hinterteil, die Arme des anderen die Mundwerkzeuge am Kopf des Ohrwurms. Mehrere Ohrwürmer bilden eine Schlange; zwei Schlangen werden für das Spiel benötigt. An Kopf und Ende der Schlangen stehen die Körbe – am einen Ende sind sie leer, am anderen enthalten sie jeweils zehn beliebige Gegenstände als „Blattläuse".

Die Aufgabe für die SpielerInnen ist es, mit den „Zangen" jeweils einen Gegenstand aus dem Korb zu nehmen, sich in den Sitz aufzurichten und die Gegenstände an den „Kopf" weiterzureichen. Der Kopf eines Ohrwurmes gibt die Sachen weiter an die nächste Zange, bis schließlich der letzte Kopf den leeren Korb füllt. Welche Ohrwurmschlange hat ihre zehn Blattläuse als erste gesammelt?

Asseln, Tausendfüßer & Co.

Ein Heim für Hundertfüßer

Hundertfüßer lassen sich am besten fangen, indem man ein Glas über sie stülpt und eine Postkarte unterschiebt. Pinzetten könnten das Tier verletzen.
Obwohl Hundertfüßer 2–3 Jahre alt werden können, sollten sie nur kurz, höchstens einige Wochen, gehalten werden. Die Kinder sollten die Hundertfüßer (und alle anderen Tiere in diesem Kapitel!) an der Stelle wieder aussetzen, an der sie sie gefangen haben, und zwar noch vor dem ersten Frost.

Material: Terrarium oder flacher Behälter aus klarem Plastik (mit Deckel), Erde, Sand, Aquarienkies oder alte Zeitungen, Rindenstücke oder Stücke von Klopapierrollen, Sprühflasche mit Wasser, flache Plastikdose mit Deckel (z. B. von einem Kartenspiel), spitze Schere, sauberer Baumwolldocht, 1–2 Hundertfüßer
Alter: ab 4 Jahren (mit Hilfe eines Erwachsenen)

- Das Terrarium oder den Behälter mit Erde, Sand, Aquarienkies oder alten Zeitungen auslegen. Flache Rindenstücke oder Stücke von Klopapierrollen als Verstecke hineinlegen. Eine Seite des Terrariums anfeuchten. Der Deckel sollte kleine Luftlöcher haben (s. *Ohrwürmer hältern*, S. 114). Lassen sich in das Material keine Löcher stoßen, ersatzweise Stoff oder Küchenrollenpapier mit einem festen Gummiband über die Öffnung ziehen. Der Deckel muss absolut lückenlos schließen!
- Die kleine Plastikdose als Tränke herrichten: Mit der Schere ein Loch in den Deckel bohren und ein kurzes Stück Docht hindurchschieben. Das Ende, das nach außen ragt, etwas aufzwirbeln. Dose mit Wasser füllen und Deckel aufsetzen. Der Docht ragt ins Wasser, saugt sich voll, und der Hundertfüßer kann vom äußeren Ende des Dochtes Tröpfchen abtrinken.
- 1–2 Tiere einsetzen.

Ist es im Raum zu kalt, ruhen die Tiere. Bei normaler Raumtemperatur und ohne besondere Beleuchtung fühlen sie sich wohl. Etwa zweimal wöchentlich den Bodenbelag mit der Sprühflasche befeuchten. Nicht sauber machen! Nur hin und wieder das Wasser erneuern und Nahrungsreste entfernen.
Jeder Hundertfüßer braucht etwa ein Insekt täglich als Nahrung (*Insektenfalle* s. S. 59).

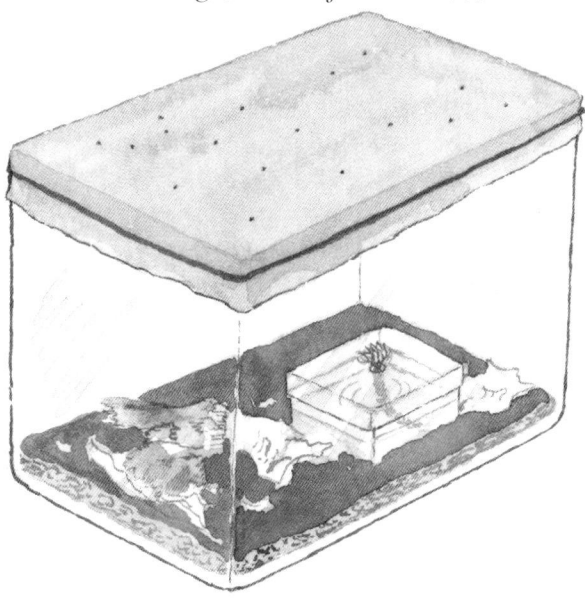

Harry Hundertfuß

Harry fühlt sich auch in der Tierlandschaft (s. S. 62) wohl.

Material: roten oder braunen Tonkarton, Schere, Locher, bunte Wolle, Stift, Pfeifenputzer
Alter: ab 4 Jahren

Aus dem Tonkarton möglichst gleich große Rechtecke schneiden und in der Mitte jeder der vier Seitenränder einmal lochen. An jeweils

Asseln, Tausendfüßer & Co.

gegenüber liegenden Löchern viele Rechtecke mit Wollfäden aneinander knoten, das ist der Körper des Hundertfüßers. In die seitlichen Löcher jeweils einen kurzen Faden als Bein knoten.

Auf das Kopfrechteck ein freundliches Gesicht malen, am vorderen Rand nochmals lochen und einen Pfeifenputzer als Fühler durch beide Löcher durchziehen und in Form biegen. An die gleichen Löcher einen langen Faden knoten und Harry daran auf dem Boden hinter sich her ziehen.

Tausendfüßer-Gehege

Material: großes Gurkenglas mit Deckel, totes Laub, Milchdosenpiekser, Sprühflasche mit Wasser, 1–2 Tausendfüßer
Alter: ab 4 Jahren

Glas mit Wasser (nicht mit Spülmittel!) säubern und mit Laub füllen.
Deckel mit Luftlöchern versehen (s. *Ohrwürmer hältern*, S. 114).
Ein bis zwei Tiere einsetzen.

Tausendfüßer brauchen eine hohe Luftfeuchtigkeit, also das Laub einmal täglich besprühen. Die kleinen Gäste fressen Blätter aus der Laubstreu, außerdem sind Spinatblätter und weiche saftige Früchte wie Pflaumen als Nahrung geeignet. Jeden Tag nur eine kleine Mengen füttern und Reste täglich wegräumen.
Eine Tränke ist nicht zusätzlich nötig.

Tom Tausendfuß

Auch Tom hätte gerne einen Platz in der Tierlandschaft (s. S. 62).

Material: viele Korken, Messer, Bohrer, mehrere Pfeifenputzer, Schere, Filzstift
Alter: ab 5 Jahren (mit Hilfe eines Erwachsenen)

Korken mit dem Messer in mehrere Scheiben schneiden und mit dem Bohrer in der Mitte durchbohren. Korkscheiben locker auf einen Pfeifenputzer auffädeln. Die restlichen Pfeifenputzer in kurze Stücke (ca. 5–6 cm) schneiden und je zwei Stücke in jedem Korkzwischenraum um das Pfeifenputzer-„Rückgrat" winden und seitlich nach unten biegen – so entstehen die vier Beine jedes Ringes.

Auf die erste Korkenscheibe ein nettes Gesicht malen; der Anfang des Pfeifenputzers könnte, zur Schlinge gebogen, eine dicke Knubbelnase darstellen.

Hinter dem Kopf noch einen Pfeifenputzerrest zu Fühlern biegen.

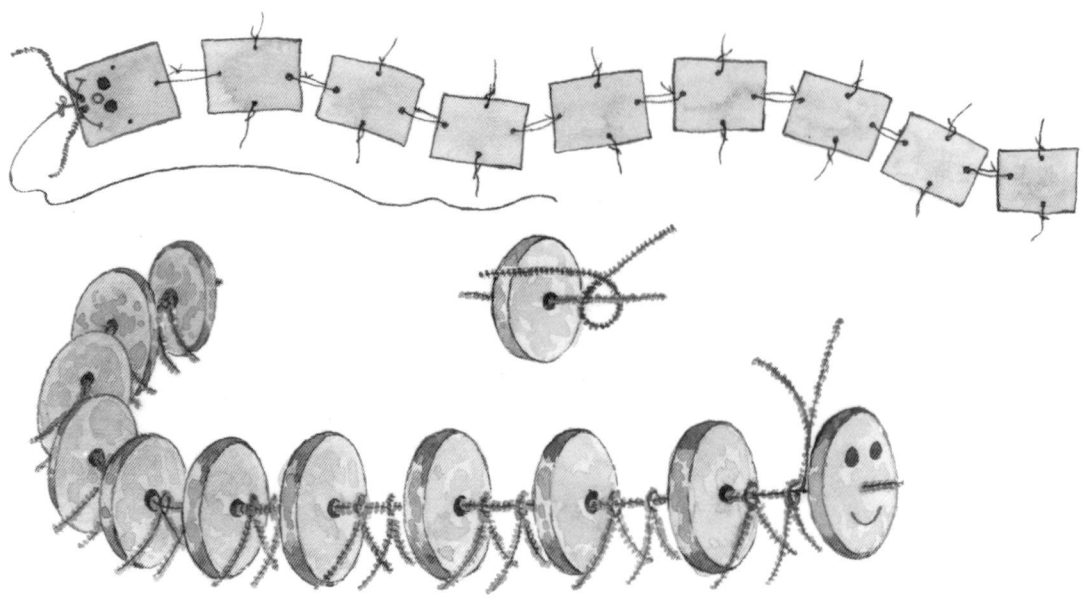

Asseln, Tausendfüßer & Co.

Tausendfüßer im Laub

Material: Tonkarton in Braun-, Rot- oder Orangetönen, Schere, Herbstlaub (gepresst und ungepresst), Klebstoff, beliebige Fingerfarben, dünner schwarzer Filzstift
Alter: ab 3 Jahren

Tonkarton in Rechtecke (etwa 20 x 30 cm) schneiden. Gepresste Herbstblätter als Untergrund auf den Karton kleben.
Mit der Fingerkuppe eine lange gewundene Reihe von bunten Fingerfarbenpunkten auf die Blätter setzen. Trocknen lassen.
Mit dem Filzstift an jeden Punkt zwei kleine Striche als Beine malen; der erste Punkt bekommt ein Gesicht und Fühler.
Ungepresstes Herbstlaub an einigen Stellen über den Tausendfüßer kleben, sodass es so aussieht, als ob er sich zwischen den Blättern versteckt.

Beinwellen

Material: Becherlupe oder Marmeladenglas, Tausendfüßer
Alter: ab 3 Jahren

Die Kinder beobachten die Beine des Tausendfüßers in der Becherlupe: Hebt er alle Beine einer Seite gleichzeitig an und setzt sie ein Stück weiter vorne wieder auf den Boden? Nein: Seine Beine bewegen sich in kleinen Wellen von hinten nach vorne.

Hinweis: Aus der „Sendung mit der Maus" gibt es eine Folge über die Beine der Tausendfüßer. Sehr empfehlenswert! Vielleicht hat jemand unter den Eltern diese Folge aufgenommen oder es gibt sie in der Bücherei auszuleihen.

Assel-Haus

In dieser Behausung halten es die Asseln durchaus mehrere Monate lang aus. Die Haltung ist sehr einfach; nur wenn der Bodenbelag schimmelt, sollte er ausgetauscht werden.

Material: großes Gurkenglas mit Deckel, Erde, Laub aus der Laubstreu, Rindenstücke, Sprühflasche mit Wasser, Milchdosenpiekser, mehrere Asseln
Alter: ab 3 Jahren

Glas mit Wasser reinigen und mit Erde und Laub füllen. Rindenstücke als Versteckmöglichkeiten auf dem Boden verteilen. Mit der Sprühflasche reichlich befeuchten und auch weiterhin täglich feucht halten. Asseln einsetzen und das Glas mit dem Deckel verschließen (Luftlöcher s. *Ohrwürmer hältern*, S. 114).
Asseln lieben gammliges Grünzeug – die Nahrung also ruhig eine Woche liegen lassen, bevor die Reste entfernt werden.

Asseln fressen das Laub aus der Laubstreu: Die Kinder können Tag für Tag verfolgen, wie die Blätter „löchriger" werden. Asseln mögen aber auch zusätzlich Spinatblätter, dünne Apfel- und Melonenspalten oder geriebene Möhren und Kartoffeln.

Bei guten Umweltbedingungen vermehren Asseln sich sehr schnell. Die Kinder sollten also Ausschau nach kleinen Baby-Asseln halten und nach den Eiern, die die Asseln gut behütet zwischen den Beinen unter dem Bauch mit sich tragen!

Hell oder dunkel?

Material: Schuhkarton oder anderer flacher Behälter mit Deckel, Laub, 2–3 Asseln
Alter: ab 3 Jahren

Den Boden des Schuhkartons mit Laub auslegen und die Asseln einsetzen. Deckel nur über eine Hälfte des Kartons legen. Karton in die Sonne stellen oder mit einer Lampe kräftig beleuchten.

Nach einigen Minuten prüfen die Kinder, wo die Asseln sich versteckt haben: im hellen oder im dunklen Teil des Kartons?

Hinweis: Das Experiment darf wirklich nur wenige Minuten dauern, damit es den Asseln nicht zu heiß wird!

Schwarz oder weiß?

Material: weißes Papier, schwarze Farbe bzw. Stifte, flache Schale oder Karton, 2–3 Asseln
Alter: ab 4 Jahren

Ein Schwarz-Weiß-Muster auf das Papier malen: Schachbrett, Karos, Streifen, Linien... Papier in die Schale legen und Asseln darauf setzen. Auf welcher Farbe halten sich die Asseln lieber auf?

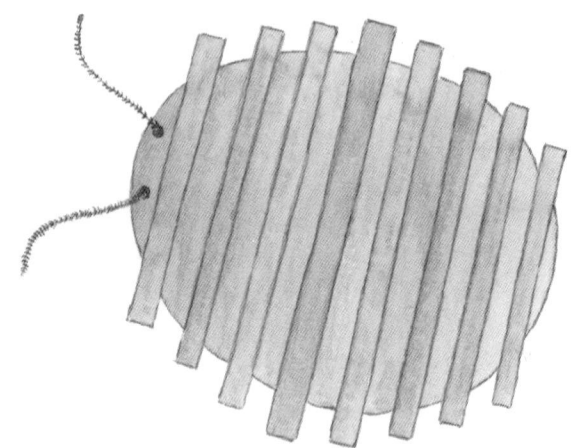

Papp-Asseln

Papp-Asseln gehören unbedingt in die Tierverstecke (s. S. 62).

Material: Tonkarton und Tonpapier in Grau- oder Brauntönen, Schere, Klebstoff, Locher, Pfeifenputzer
Alter: ab 3 Jahren

Aus dem Tonkarton ein Oval schneiden (für jüngere Kinder Form vorzeichnen). Das Tonpapier in Streifen verschiedener Länge schneiden und auf den Tonkarton so aufkleben, dass sich die langen Streifen in der Mitte befinden und die kurzen an den Enden des Ovals (s. Abb.). An einem Ende lochen und einen Pfeifenputzer als Fühler durch die Löcher ziehen und zurecht biegen.

Projekte

Vögel erleben

Vögel sind ein Thema, dass sich im Jahreskreislauf immer wieder aufnehmen lässt.
Zur Einführung können die Kinder mit einem Wellensittich oder einem anderen Käfigvogel einen echten Vogel bestaunen (Seite 33). Mit Bewegungsspielen wie „Alle zusammen! Ein Schwarmspiel" und Aktionen rund um Federn, Eier und Schnabel (s. Kapitel „Fabelhafte Flieger", S. 31) lernen sie die Biologie der Flattermäxe besser kennen.

Das Futterstellentagebuch

Futterstellen und Vogelbäder (S. 35) lassen sich rund um das Jahr immer wieder für kurze Zeiten aufbauen (mit Ausnahme des Frühlings, wo Futterstellenfutter den Speiseplan der Vogeleltern in gefährlicher Weise durcheinander bringen würde). Mithilfe von bebilderten Vogelführern können die Kinder herausfinden, welche Vögel ihre Futterstellen besuchen – da Futterstellen meistens nur von einer begrenzten Anzahl an häufigen Vogelarten angeflogen werden, ist es wirklich einfach die Vögel und ihre Namen kennen zu lernen. In einem gemeinsam geführten Tagebuch werden gemalte Bilder eingeklebt oder sogar Fotos, die von den Vögeln gemacht wurden, und eine laufend ergänzte Liste von Vögeln und Beobachtungen wird geführt: Welcher Vogel frisst welches Futter? Welche sind Kletterakrobaten? Kommen bestimmte Vögel zu bestimmten Zeiten? Sind einige scheuer als andere? (Tipp: Mithilfe einer (Magnet-)Tafel lässt sich

einfach verfolgen, wie viele Vögel jeden Tag zu Besuch kommen: Spalten aufmalen und Bilder oder Namen von den häufigen Vögeln am Kopfende anbringen. Die Kinder tragen dann, wann immer sie einen der Vögel sehen, Kreuze (oder Magneten) in die Spalten ein.)

Wird das Tagebuch von einer Fütterungsaktion im Sommer mit der im Winter verglichen, werden sich Unterschiede in der Anzahl Vögel und den Arten der Vögel feststellen lassen. Auf diese Weise kann das Thema Zugvögel praktisch erforscht werden. Wo sind die Vögel, die im Winter nicht zur Futterstelle kommen? Warum kommen einige Arten weniger häufig – was sind Teilzieher? Wo überwintern die Vögel, die wir im Sommer gesehen haben? Wo fliegen sie lang? (Diese Informationen kann man in Vogelbüchern finden.) Die Kinder können die Flugrouten auf Karten nachvollziehen und Bilder von ihren Vögeln in Afrika malen.

Vogelwanderung

Durch die Beobachtung der Futterstellen und das Vogelstimmenspiel auf Seite 36 haben die Kinder schon eine Reihe Vogelarten kennen gelernt. Nun wird es Zeit, die Vögel in der Natur zu besuchen.
Vogelvereine, Naturschutzvereine, Universitäten und Volkshochschulen bieten Vogelwanderungen von (Hobby-)Ornithologen für interessierte Gruppen an. Auf einer Vogelwanderung lernen die Kinder nicht nur die Stimmen der Vögel kennen, sie sehen live, wo die verschiedenen Vogelarten leben. Vogelwanderungen finden im Allgemeinen im Frühling statt, da die Vögel dann am meisten singen. Mit dem Gesang markieren sie ihre Brutreviere und locken Partner an. So eine Wanderung ist ein echtes Abenteuer, da um diese Zeit die Nächte kürzer werden und die Kinder bereits im Morgengrauen losziehen müssen. Danach können sie ihre Erlebnisse bei einem gemeinsamen Frühstück teilen.

Haustierwoche

Ein Projekt über Haustiere kann man auch im Winter durchführen. Viele Kinder wünschen sich Haustiere, wissen aber wenig über ihre Haltung und ihre Biologie. Es tut Not, Kindern und Erwachsenen den Unterschied zwischen einem austauschbaren Spielzeug und einem Lebewesen nahe zu bringen. Wie viel mehr Freude macht ein Tier, wenn seine Ankunft in der Familie gut geplant und schlau vorbereitet ist!

Zur Einführung finden die Kinder sich in das Thema durch die einführenden Spiele ab Seite 6 und Seite 113 und die Märchen in den Haustierkapiteln ein. Danach wählt jedes Kind ein Haustier aus, über das es mehr erfahren möchte. Neben den Tieren, die wir hier im Buch vorstellen, können das z. B. auch Hamster, Fische oder Pferde sein.

Aufgabe der Kinder ist es nun, sich über die Tiere selbstständig zu informieren. Sie können aus Büchern (Bücherei) oder dem Internet mehr erfahren oder Zoohändler, Züchter oder Tierheimmitarbeiter interviewen. Sie können Freunde befragen, die so ein Tier halten.

Die Kinder stellen ihre Erkenntnisse in einem Protokoll zusammen, das geschrieben oder gemalt sein kann. Sie setzen ihre Erfahrungen gestalterisch um, indem sie Pappkartondioramen, mit Knete oder Holz einen sinnvollen Käfig bauen oder das Leben des Tieres darstellen. Die Kinder stellen ihr Tier der Gruppe vor.

Um sich in die Welt der Tiere einzufühlen, probieren die Kinder verschiedene Spiele aus wie z. B. das Rudelspiel „Wir erobern die Wiese" der Kaninchen (S. 22), das Riechspiel „Schnüffelschnäuzchen" bei den Ratten/Mäusen (S. 28), das Schwarmspiel „Alle zusammen" bei den Vögeln (S. 37), das Spiel „Schafe treiben" bei den Hunden (S. 47) und das Spiel „Katzenwäsche" (S. 52).

Abschluss der Aktion sind ein oder zwei Tage, an denen Haustiere als Gasttiere wie in den Kapiteln über Kaninchen, Ratten/Mäuse, Vögel, Hunde und Katzen beschrieben in der Klasse auftreten.

Ein Zoo voller wilder Tiere

Dieses Projekt lässt sich am besten im Sommer durchführen. Im Winter sind die meisten dieser Tiere in Winterstarre.

Mithilfe der Märchen, die den Kapiteln über die „wilden Tiere" vorangestellt sind, werden die Kinder an das Thema herangeführt. Ebenfalls möglich ist der Start mit einer Geschichte über einen ganz besonderen Zoo: „Wir packten unsere Butterbrote, Limo und Campinos ein und gingen alle zusammen in den Zoo. Aber das war kein gewöhnlicher Zoo! Als wir durch den Eingang kamen, hörten wir keine Affen schreien und keine Elefanten trompeten. Im ersten Gehege sahen wir erst gar nichts, aber dann glitzerte ein fast unsichtbarer Faden in der Sonne und wir sahen eine große Spinne, die langsam durch ihr Netz lief. Im nächsten Gehege stand ein Tierpfleger mit einem Eimer und einem Schrubber und schrubbte den Panzer einer Assel sauber. ..." Die Kinder suchen sich daraufhin die Tiere aus, die sie als Tierpfleger betreuen wollen. Dafür müssen sie sich in kleine Gruppen aufteilen.

Anhand der Beschreibungen für die Tierhälterungen eine Materialliste zusammenstellen und die Tierbehausungen vorbereiten. Schilder mit den Namen der Tiere, dem Namen des Zoos etc. werden natürlich auch gebraucht. Ältere Kinder sollten auf die Schilder auch etwas über die Lebensgewohnheiten der Tiere schreiben oder malen.

Ausgerüstet mit geeigneten Transportgefäßen, Becherlupen und Federpinzetten brechen die Kinder zu einer Fangexpedition auf. Die Tiere werden so schnell wie möglich in den Zoo gebracht und in ihre Gehege gesetzt. Futter und Wasser nicht vergessen!

Ausgewählte Experimente (u.a. „Hell oder Dunkel"/"Schwarz oder Weiß" auf S. 118, „Erde umwälzen"/"Kratz, kratz" auf S. 98 und 99, „Schneckenfraß" auf S. 91) und Bastelaktionen (z. B. „Tierverstecke" S. 62) vertiefen das Wissen über die Tiere.

Zum Abschluss werden Besucher im Zoo willkommen geheißen. Sie müssen eine der selbst gemachten Eintrittskarten lösen (für Spielgeld oder Bonbons). Die Tierpfleger führen Eltern und Kinder aus anderen Gruppen durch den Zoo. Am nächsten Tag werden die Tiere wieder an ihrem alten Lebensplatz ausgesetzt. Alle winken kräftig und sagen Auf Wiedersehen!

Bei Nacht und Nebel in die Schule/ den Kindergarten

Viele der Tiere, die wir hier vorgestellt haben, werden erst abends so richtig munter. Dazu gehören die Schnecken, Asseln, Tausendfüßer, Hundertfüßer, manche Spinnen, Regenwürmer, Glühwürmchen, Nachtfalter, aber auch Ratten und Mäuse.
Ein ganz besonderes Abenteuer ist deshalb, spät am Abend in die Schule/den Kindergarten zu gehen und dort den putzmunteren Zoo zu beobachten und zum Beispiel das Glühwürmchenspiel (S. 74) zu spielen. Mit einer Geschichte den Abend ruhig ausklingen lassen.

Anhang

Literatur

Sachbücher allgemein

BANG, PREBEN, UND DAHLSTRÖM, PREBEN: Tierspuren. BLV Bestimmungsbuch, 2000.

DUNLAP, JIM: They don't have to die. Seaside Press, 1997.

GANERI, ANITA, UND FLYNN, DANNY: Unter der Lupe: Insekten. Union Verlag, 1993.

HIBBERT, ADAM: Spinnen und Insekten. Loewe Verlag, Bindlach, 2001.

JOHNSON, JINNY: Bunter Bildatlas der Insekten und Spinnen. Moewig, 1999.

KREMER, BRUNO, UND FISCHER, NORA: Kosmos Familienbuch Natur. Franckh-Kosmos, 1995.

LANGE, MONIKA: Mit Katz und Hund auf Du und Du, Ein Tiersprachführer. rororo, 2000.

Lange, Monika: Bald wird es kalt. Mein Tierbuch vom Winter. kbv Luzern, 2002.

LOWENSTEIN, FRANK, UND LECHNER, SHERYL: Käfer & Co. Das Mammutbuch der Insekten und Gliederfüßer. Könemann, 2000.

MOUND, LAURENCE: Insekten: Die interessantesten und schönsten Kerbtiere aus aller Welt; Lebensweise, Formenvielfalt, Sinnesleistungen. Gerstenberg, 1990.

NYMPHIUS, JUTTA, UND TRUST, RAINER: Stadtsafari. Natur entdecken in der Stadt. kbv Luzern, 2001.

Pellerin, Pierre, und Ruge, Klaus: Das geheimnisvolle Leben der Tiere in Haus und Garten. Verlag J. F. Schreiber GmbH, Esslingen.

STICHMANN, WILFRIED, UND KRETZSCHMAR, ERICH: Der neue Kosmos Tierführer. Franckh-Kosmos, 1996.

Tipps zur Saison „Umwelt mit Kindern erleben": Krabbelgetier (Heft 18). BUNDjugend, 1995.

WILKES, ANGELA: Mein erstes großes Naturbuch. Tessloff, 1990.

WOOD, JOHN NORRIS, UND SILVER, MAGGIE: Versteckt, verschwunden, wieder gefunden: Im Wald. ArsEdition 1993.

Sachbücher Haustiere allgemein

Gräfe und Unzer, Falken, Kosmos, Ulmer und viele andere Verlage führen Ratgeber zur Haltung von allen vorgestellten Tieren. Empfehlenswert sind aktuelle Bücher, da über artgerechte Tierhaltung in den letzten Jahren einiges dazugelernt wurde.

Sachbücher Vögel

LANGE, MONIKA: Da fliegt was! Mein Tierbuch vom Fliegen und Flattern. kbv Luzern, 2002

Singer, Detlef: Die Vögel Mitteleuropas. Kosmos Naturführer, 1988

SPECHT, RUDOLF: Unsere Vogelwelt im Jahreslauf. beobachten – erleben – verstehen. Kosmos Verlag, 2001

Sachbücher Ameisen

BÜRGIN, HERMANN: Natürlich lernen – Bienen, Wespen, Ameisen. Landesbund für Vogelschutz in Bayern e.V. (LBV) Naturschutzbund Deutschland.

Investigate Ameisen. Könemann, 2000.

PARKER, STEVE: Tagebuch einer Ameise. kbv Luzern, 2000.

Literatur

Sachbücher Schmetterlinge

Bellmann, Heiko: Steinbachs Naturführer: Schmetterlinge erkennen & bestimmen. Mosaik Verlag München, 2001.

Hickman, Pamela, und Collins, Heather: Ein Schmetterling wird groß. Franckh-Kosmos Verlags-GmbH & Co., Stuttgart, 2000.

Tiere entdecken: Schmetterlinge. F.X. Schmid, 1999.

Sachbücher Käfer

Der Marienkäfer. Meyers kleine Kinderbibliothek, 1991.

Harde, K. W., und Severa, F.: Der Kosmos-Käferführer. Kosmos, 1984.

Preston-Mafham, Ken: Käfer. Das neue kompakte Bestimmungsbuch. Könemann, 1999.

Sachbücher Schnecken

Theres Buholzer: Schneckenleben. kbv Luzern, 9. Auflage 2000.

Sachbücher Spinnen

Investigate Spinnen. Könemann, 2000.

Leiendecker, Uwe: Die Welt der Spinnen. Karl Müller Verlag, Erlangen, 1999.

Preston-Mafham, Ken: Spinnen. Das neue kompakte Bestimmungsbuch. Könemann, 1999.

Bilderbücher und Geschichten zum Vorlesen

Carle, Eric: Die kleine Raupe Nimmersatt. Gerstenberg, 1994.

Carle, Eric: Die kleine Spinne spinnt und schweigt. Gerstenberg, 1995.

Carle, Eric: Das kleine Glühwürmchen. Gerstenberg, 1997.

Carle, Eric: Der kleine Käfer Immerfrech. Gerstenberg, 1999.

Dahl, Roald: Der Zauberfinger. rororo, 1996.

Ende, Michael, Schlüter, Manfred, und Hiller, Winfried: Der Lindwurm und der Schmetterling. Thienemann 1981.

James, Simon: Sally und die Napfschnecke. Beltz & Gelberg, 1995.

Johansen, Hanna: Die Geschichte von der kleinen Gans, die nicht schnell genug war. Ravensburger, 1996.

Johansen, Hanna: Die Ente und die Eule. Ravensburger, 1997.

King-Smith, Dick: Sophies Schnecke. Fischer Schatzinsel, 1998.

King-Smith, Dick: Sophies Kater. Fischer, 1998.

King-Smith: Hunde-Liebe. Sauerländer, 1998.

Kipling, Rudyard: Genau-so-Geschichten. Goldmann, 1990.

Kirk, David: Miss Spider lädt zum Tee. Benedikt Taschen Verlag GmbH, 1997.

Panskus, Hartmut: Chin Ok im Maulbeerbaum. Dtv junior Lesebär, 1993.

Tanaka, Beatrice, und Gay, Michel: Dem Hasen nach! Moritz Verlag, Frankfurt a.M., 1995.

Register

Tiere zu Besuch

Ameisenfarm	84
Assel-Haus	117
Das Kaninchen ist da!	18
Der Hund kommt zu Besuch!	44
Der Wellensittich kommt!	33
Die Katze ist da!	50
Die Ratten/Mäuse sind da!	27
Ein Heim für Hundertfüßer	115
Ein Heim für Mariechen	76
Mehlwurm-Zucht	77
Netzspinnen hältern	105
Ohrwürmer hältern	114
Raupenhaus	68
Regenwurmglas	98
Schneckenfraß	91
Schneckenhaltung	90
Tausendfüßer-Gehege	116
Wasserschneckenhaltung	91
Weberknechte hältern	106

Aktionen mit dem Tier

Ansaugfalle	60
Ameisenstraße	82
Armer schwarzer Kater mit echter Katze	51
Bäumchen, schüttle dich	59
Beinwellen	117
Das Kaninchen im Auslauf	19
Erde umwälzen	98
Fang die Maus	51
Flatterfalter-Exkursion	67
Glitzernetze	104
Glühwürmchen fangen	74
Guck mal, wie die kriecht	92
Hell oder dunkel?	118
Hoppelspuren	19
Ich bringe dem Kaninchen etwas mit	17
Insektenfalle	59
Käfer-Suche	74
Kratz, kratz	99
Leben in der Laubstreu	113
Nachtfalter anlocken	69
Regenwürmer sammeln	97
Regenwürmer trampeln	97
Schneckenfraß	91
Schneckenjagd	90
Schneckenrennen	92
Schwarz oder weiß?	118
Spaziergang	45
Spinnen-Exkursion	104
Spinnennetze einfangen	105
Tierfalle	60
Versteck bauen	113
Vogelfutter à la carte	34
Wir gehören zusammen	45
Wir mögen Tunnel	28

Aktionen um das Tier

Basteleien

Ameisen aus selbst gemachter Knete	85
Ameisennest	86
Der Spaziergang im Gruppenraum (Hund)	45
Der Spaziergang im Gruppenraum (Katze)	52
Die Vorratskammer will gefüllt sein	30
Federschmuck	38
Hampelhund	47
Hampelkatze	53
Harry Hundertfuß	115
Häuser für den Kaninchenbesuch	17
Käferbilder	76
Home, sweet home	29
Ich bin ein Mümmelmann	21
Jeder hat einen Vogel	40
Katzenaugen	52
Katzenmumie	54
Kneteschnecken	92
Labyrinthe basteln	25
Marienkäfer aus Pappe	76
Monsterhände	8

Register

Naturmuseum	61
Ohrwurm-Haus	113
Papp-Asseln	118
Raupen-Marionette	71
Regenbogen-Schmetterling	69
Regenwurm aus Perlen	100
Regenwürmer aus Papprollen	100
Regenwürmer basteln	99
Schmetterling mit Puppe	71
Schneckenpusten	93
Skarabäus	78
Socken-Theater	100
Spinnennetze für Handwerker	105
Springspinne	108
Springspinnen-Spiel	107
Strickliesl-Regenwurm	99
Taucherspinne	107
Tausendfüßer im Laub	117
Tierverstecke	62
Tom Tausendfuß	116
Vogelfutter à la carte	34
Wandbild	23
Wer schlüpft denn da?	41

Experimente

Brrrr – Gänsehaut	39
Der flutschige Wassertropfen	38
Der Lack ist ab	41
Flott wie 'ne Schnecke	93
Hoppeln und Hakenschlagen – Kaninchen in der Natur	20
Schreibfeder	39
Silhouetten	6
Taucherspinne	107
Unglaublich geschickt	40
Was heißt hier federleicht?	38

Spiele

Alle zusammen! Das Schwarmspiel	37
Blindenhunde	46
Das Leben des Schmetterlings	70
Der flutschige Wassertropfen	38
Der Kaninchenbau	22
Die Katze lässt das Mausen nicht	26
Flott wie 'ne Schnecke	93
Fuchs und Kaninchen sagen sich Gute Nacht – Fangenspiel	20
Füttere mich!	83
Gar nicht so einfach, ein Tier zu sein	9
Glühwürmchen fangen	74
Glühwürmchen fangen im Freien	75
Hilfe, ein Riese kommt! – Fantasiereise	7
Ich bin ein Mümmelmann	21
Ich kauf' mir ein Tier	13
Käfergerangel	78
Katzenwäsche	52
Königin gegen Arbeiterinnen	87
Marienkäfer, rühr dich nicht!	87
Mhmmmm mm mmm – ich versteh' dich nicht	8
Monsterhände	8
Ohrwurmspiel	114
Schafe treiben	47
Schneckenpusten	93
Schlittenhunderennen	46
Schnüffelschnäuzchen	28
Socken-Theater	100
Spinne im Netz	109
Spinnen-Fangen	108
Springspinnen-Spiel	107
Tunnel-Spiel	100
Vogelstimmen	36
Wachhunde	46
Was braucht ein Tier? Tamagotchispiel	14
Wir erobern die Wiese	22
Wo gibt es was zu fressen?	30

Geschichten

Das Kamel und die Ameise	81
Der Glühwurm	73
Der Hahn und der Wurm	96
Der listige Papagei	32
Der Mäuserat	26
Der Schneckenmann	89
Die Assel aus Kassel	110
Die Kaninchen im Mond	16
Die Spinne	103
Elefant und Ameise	58
Katze bleibt Katze	49
Raupe und Schmetterling	63
Warum Hunde und Katzen sich nicht leiden können	43
Wie Gott die Schmetterlinge erschuf	66

Die Autorinnen

Martina Kroth (Jahrgang 1964) hat in Düsseldorf Biologie studiert, in Köln Journalismus gelernt und im Naturschutz als Redakteurin gearbeitet. Seitdem sie sich hauptberuflich um ihre Töchter kümmert, führt sie für öffentliche Träger Waldspielgruppen und Natur-Bildungsurlaube für Eltern und Kinder durch. Für den Ökotopia-Verlag schrieb sie bereits ein Buch über Dinosaurier.

Monika Lange wurde 1968 in Duisburg geboren und hat ebenfalls in Düsseldorf Biologie studiert. Nach dem Diplom hat sie zwei Jahre lang in einer kleinen Film- und Videoproduktion in Bonn das Schreiben von Drehbüchern für Schul- und Imagefilme gelernt. Seit dem Abschluss des Volontariats arbeitet sie als freiberufliche Journalistin und Sachbuchautorin. Sie hat zahlreiche Kindersachbücher über das Leben der Tiere, ihre Haltung und ihre Sprache veröffentlicht und über so unterschiedliche Themen wie Kriminologie und das Wetter. Sie lebt in Seattle, USA, und arbeitet ehrenamtlich im dortigen Zoo.

Umwelt spielend begreifen
aus dem
Ökotopia Verlag
Hafenweg 26 · D-48155 Münster

Wasserfühlungen

Das ganze Jahr Naturerlebnisse an Bach und Tümpel – Naturführungen, Aktivitäten und Geschichtenbuch

Ein Handbuch für Naturwahrnehmungen an Kleinstgewässern mit Experimenten, Rezepten, Geschichten und spannenden Informationen zur Biologie und Mythologie von Pflanzen und Tieren. Für jede Jahreszeit werden verschiedene Spiele und Wahrnehmungsübungen vorgestellt, die das Verständnis und die Achtung für das Leben an Kleingewässern fördern.

ISBN: 3-936286-13-2

Larix, Taxus, Betula

Pfiffige Spiele, Basteleien, Rezepte und Aktionen rund um Bäume

Eine wahre Fülle von Beschäftigungsideen rund um den Baum: Zu den Bastelvorschlägen mit einheimischen und exotischen Baumprodukten kommen Erkundungsaufträge, Spiele, größere Aktionen und ausgefallene Rezeptideen hinzu. Ergänzende Infos und kulturgeschichtliche Hinweise regen zur Weiterbeschäftigung mit dem Thema an.

ISBN: 3-925169-98-9

Wiesenfühlungen

Das ganze Jahr die Wiese erleben Naturführungen, Wahrnehmungsspiele und Geschichtenbuch

Wiesen sind Orte verschiendenster Geräusche, Gerüche, Farben und auch Gaumenfreuden, die nicht nur unseren Huftieren und Hasen schmecken. Unsere Wiesen sind aber auch Abenteuer- und Spielplätze, Orte der Ruhe und des Sonnenbadens, ein Zauberland, eine Universität und ein Garten.

ISBN: 3-931902-89-7

Naturnahe Spiel- und Begegnungsräume

Handbuch für Planung und Gestaltung

Grundlagen, Gestaltung, Raumbeziehungen, Pflanzen- und Materialauswahl, Bau in Bürgerbeteiligungsmodellen, Normen und Vorschriften, Wartung und Pflege, Kosten, Agenda 21

Das Handbuch wird ideal ergänzt durch eine CD-ROM mit 350 Dias, Video, zahlreichen Arbeitspapieren und Planungsunterlagen zum Ausdrucken.

ISBN: 3-931902-75-7

Waldfühlungen

Das ganze Jahr den Wald erleben – Naturführungen, Aktivitäten und Geschichtenfibel

Der Wald ist ein Abenteuer – ein Spielplatz, ein Zauberland, eine Universität und ein Garten. Die Bäume erzählen uns Geschichten, die in Sagen, Märchen und Gedichten weitergegeben werden. Aber auch andere Waldbewohner bieten Interessantes und Erstaunliches

ISBN: 3-931902-42-0

Mit Kindern in den Wald

Wald-Erlebnis-Handbuch Planung, Organisation und Gestaltung

Es ist den Autorinnen gelungen, aus ihren vielfältigen Erfahrungen in Projekten mit Kinder-Gruppen ein echtes Wald-Erlebnis-Handbuch zusammenzustellen, das von der Planung, Organistion bis hin zur Durchführung zahlreiche Anregungen und Hilfestellungen gibt.

ISBN: 3-931902-25-0

Freizeiten in Zeltlagern und Selbstversorgehäusern

Planung, Organisation und Aktivitäten für gelungene Gruppenfahrten

Die Informationen, Meinungen und Anleitungen in diesem Buch sollen beim Vorbereiten helfen, Entscheidungen anbieten und viele Wege sparen. Die erste Erfahrung „mit dem „Leben draußen" sollte eine schöne Erfahrung sein, um weitergehende Interessen und Fähigkeiten zu wecken und Berührungsängste abzubauen.

ISBN: 3-931902-82-X

Kiesel-Schotter-Hinkelstein

Geschichten und Spiele rund um Steine

Für Kinder und Erwachsene, für Einzelne und Gruppen bietet dieses Buch eine Fülle von Anregungen zum Forschen und Entdecken, zum Spielen und Formen, zum Sinnen und Sprechen.

ISBN: 3-925169-77-6

Kinder spielen Geschichte

Floerke + Schön
Markt, Musik und Mummenschanz
Stadtleben im Mittelalter
Das Mitmach-Buch zum Tanzen, Singen, Spielen, Schmökern, Basteln & Kochen
ISBN (Buch): 3-931902-43-9
ISBN (CD): 3-931902-44-7

G. + F. Baumann
ALEA IACTA EST
Kinder spielen Römer
ISBN: 3-931902-24-2

Jörg Sommer
OXMOX OX MOLLOX
Kinder spielen Indianer
ISBN: 3-925169-43-1

Bernhard Schön
Wild und verwegen übers Meer
Kinder spielen Seefahrer und Piraten
ISBN (Buch): 3-931902-05-6
ISBN (CD): 3-931902-08-0

Im KIGA, Hort, Grundschule, Orientierungsstufe, offene Kindergruppen, bei Festen und Spielnachmittagen

Auf den Spuren fremder Kulturen

Die erfolgreiche Reihe aus dem Ökotopia Verlag

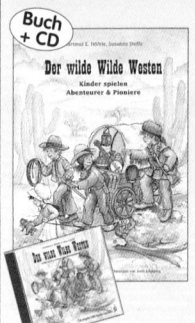

H.E. Höfele, S. Steffe
Der wilde Wilde Westen
Kinder spielen Abenteurer und Pioniere
ISBN (Buch): 3-931902-35-8
Wilde Westernlieder und Geschichten
ISBN (CD): 3-931902-36-6

P. Budde, J. Kronfli
Karneval der Kulturen
Lateinamerika in Spielen, Liedern, Tänzen und Festen für Kinder
ISBN (Buch): 3-931902-79-X
ISBN (CD): 3-931902-78-1

Sybille Günther
iftah ya simsim
Spielend den Orient entdecken
ISBN (Buch): 3-931902-46-3
ISBN (CD): 3-931902-47-1

Kinderweltmusik im Internet
www.weltmusik-fuer-kinder.de

H.E. Höfele, S. Steffe
In 80 Tönen um die Welt
Eine musikalisch-multikulturelle Erlebnisreise für Kinder mit Liedern, Tänzen, Spielen, Basteleien und Geschichten
ISBN (Buch): 3-931902-61-7
ISBN (CD): 3-931902-62-5

Gudrun Schreiber, Chen Xuan
Zhong guo ...ab durch die Mitte
Spielend China entdecken
ISBN: 3-931902-39-0

D. Both, B. Bingel
Was glaubst du denn?
Eine spielerische Erlebnisreise für Kinder durch die Welt der Religionen
ISBN: 3-931902-57-9

M. Rosenbaum, A. Lührmann-Sellmeyer
PRIWJET ROSSIJA
Spielend Rußland entdecken
ISBN: 3-931902-33-1

G. Schreiber, P. Heilmann
Karibuni Watoto
Spielend Afrika entdecken
ISBN (Buch): 3-931902-11-0
ISBN (CD): 3-931902-12-9

Miriam Schultze
Sag mir, wo der Pfeffer wächst
Spielend fremde Völker entdecken
Eine ethnologische Erlebnisreise für Kinder
ISBN: 3-931902-15-3